Hubertus Brantzen
Werner Krimm

Werner Krimm an Weihnachten 1978.

Hubertus Brantzen

Werner Krimm

Gott und den Menschen zugewandt

PATRIS VERLAG

Werner Krimm
Gott und den Menschen zugewandt

ISBN 978-3-946982-15-9

Erschienen im
Patris Verlag, Vallendar-Schönstatt 2020

Umschlag und Layout: Judith Bihlmaier, 56179 Vallendar
Druck: Online-Druck GmbH & Co. KG, 86381 Krumbach

Inhalt

Einführung 9

Ein Netzwerk an Beziehungen 13
Die letzten Tage seines Lebens 13
Ein Bischof gibt Zeugnis 14
In den Herzen der Menschen lesen 16
Ein Mann der Diskretion 17
Er führte ins Weite 19
Großzügigkeit und Weite 21
Die Schönstatt-Bewegung in der Ortskirche 23
In der Haltung Marias 24

Kindheit und Jugend 26
Schulzeit 31
Militärdienst 35

Prägung in seiner Familie 38
Die Hypothek eines aggressiven Vaters 38
Die religiöse Erziehung 39
Verhältnis zu seiner Mutter und seinen Geschwistern 40

Studium und Priesterweihe 43
Theologiestudium und Priesterseminar 45
Erster Kontakt mit Schönstatt 46
Theologengruppe im Priesterseminar 48
Die Weihen 49

Tätigkeiten und Ernennungen im Bistum Mainz – Überblick 50

Die ersten Priesterjahre 52
Zeit als Kaplan 52
Weitere Prüfungen 55
Eine Promotion? 55

Religionslehrer und Schulseelsorger 57
Sein Konzept von Jugendarbeit 58
Entscheidungspastoral 59
Praktische Konsequenzen 61
Menschenfreundliche Schulkultur 65
Verlässlichkeit 68
Vertrauen weckt Vertrauen 69
Geistliche Mitte 71
Soziales Engagement 74
Beliebt, aber auch kritisch betrachtet 74

Engagement in der Priesterausbildung 76
Die Situation im Jahr 1967 76
Als Geistlicher Begleiter der Studenten 80
Besinnungstage für Erstsemester und Freisemester 81
Studienfahrt in die USA 83
Eine Lebensaufgabe bis zum Ende 84

Ordensreferent des Bistums Mainz 87
Arbeit in Regionen und Arbeitsgemeinschaften 88
Die Sorge um die Kirche 91
Ein persönliches Zeugnis 91

Sein innerer Weg 93
Ein Prozess der Befreiung 94
Neuerfahrung eines Vaters 96
Weitere Begleitung durch Pater Kentenich 101
Auswirkungen dieser Begegnung 105
Das Vater-Problem 106
Sein letztes Zeugnis über Pater Kentenich 107

Geistliches Leben 109
Tagesordnung 109
Stundengebet 110
Gebetszeiten 110
Sein Persönliches Ideal 112
Zölibat 115
Der Kern des Zölibats 116
In Freundschaften leben 116

Perspektiven, die ihn prägten 118
Ergriffen von der Zeitenwende 118
Kultureller Umbruch 119
Langsamer Übergang 120
Der gläubige Umgang mit der Zeitenwende 121
Zeitdiagnose gläubig weiterschreiben 122
Freiheit geht über alles 124
Sein Schwanengesang 125
Das Thema Freiheit in der Schönstatt-Bewegung 126
Vor allem aber die Liebe 128
Der Glaube an Gottes Vorsehung 129
Vertrauen 130
Die vergessene Lehre von den Zweitursachen 131
Spiritualität trifft Pädagogik 132
Eine Idee zieht Kreise 134
„Realitäten“ 135
Angefochten 136
Über den Tod hinaus 137
Eine neue Kindlichkeit und Idealpädagogik 140
Marianische Perspektive 141
Wenn es sehr persönlich wird 144
Das Bewusstsein, für eine Sendung einzustehen 145
Sein Priesterbild 147
Ein Mensch der Gotteserfahrung 147
Der Welt zugewandt 148
Die Schwächen der Menschen erfahren 148
Die Gabe und Aufgabe des Priesters 149
Der Dienst des Gebetes 151
Sein Kirchenbild 152

Pastorale Arbeitskreise 154
Netzwerk im Bistum Mainz 154
Erfahrungen gelingender Kooperation 156
Weitere Netzwerke 157
Eigenverantwortlichkeit unterstützen 159

Schönstatt-Institut Diözesanpriester – seine Gemeinschaft (Peter Wolf) 161
Generalrat und Terziats-Meister 163
Die Nähe des Gründers 165
Sein großes Thema: die Kindlichkeit 167
Diözese und Schönstatt 167
Vorfahrt für die Geistliche Begleitung Einzelner 168
Rektor der mitteldeutschen Regio 169

Begleitung verschiedener Gemeinschaften der Schönstatt-Bewegung 171
Studentinnen 171
Säkularinstitut der Frauen von Schönstatt 172
Säkularinstitut der Schönstätter Marienschwestern 173

An der Zentrale der deutschen Bewegung 176

Die Mainzer Schönstatt-Bewegung 178
Das Schönstatt-Zentrum Rodgau-Weiskirchen 179
Sein Engagement für das Zentrum 183
Fritz Esser 185
Schönstattjugend in den Bistümern Mainz und Speyer 187
Familienarbeit 190
Weitere Gemeinschaften im Bistum Mainz 196

Auf dem Weg zur geistlichen Reife 197
Was am Ende blieb 197
Abraham auf Moriah 201
Sorge für die Gesundheit 202
Trauer und Zuversicht 203

Beim Herrn sein 205

Der Weg bis zum Heimgang 211
Das Zeugnis eines Briefes 211
Die Frage nach dem Durchhalten 215
Heimgang 216

Literatur 218

Bildernachweis 220

Einführung

Zwanzig Jahre nach dem Heimgang von Werner Krimm ist es an der Zeit, eine erste Wirkungsgeschichte seines Lebens nachzuzeichnen. Dabei geht es weniger darum, im Sinne einer Biographie im engeren Sinn akribisch alle Details seines Lebens und Wirkens zu beschreiben, sondern das zu heben, was in den Menschen lebt, die er begleitet hat und die seine Weggefährten waren.

Die ihn gekannt haben, sind der Überzeugung: Werner Krimm war ein besonderer Mensch und ein exemplarischer Priester. Ihn zeichneten eine schlichte, unaufdringliche Menschlichkeit, ein ungewöhnlich großes Einfühlungsvermögen, ein ansteckender Humor und ein herzhaftes Lachen aus. Die Menschen waren beeindruckt von seiner liebevollen und tiefgehenden Zuwendung und seiner diskreten Geistlichen Begleitung, die Einzelnen, Paaren, Gruppen und Gemeinschaften Freiheit eröffnete. Er war ein unermüdlicher „Netzwerker", brachte Gleichgesinnte zusammen, gab ihnen Impulse und Anregungen, wie Gemeinschaft gelingen kann.

Ich durfte und darf immer wieder mit Menschen sprechen, die Erfahrungen mit Werner Krimm gemacht haben. Auf ihn hin befragt, beginnen sie sogleich, Geschichten über ihn zu erzählen. Sie erzählen von der Erfahrung, dass er ihnen stets das Gefühl gab, ganz für sie da zu sein. Sie sprechen von Begegnungen mit ihm, die für ihr Leben wichtig wurden. Die Berichte darüber, was sie so sehr an ihm schätzten, münden oft in den Satz ein: „Ohne seine Begleitung wäre mein Leben anders verlaufen."

So sei hier nun die Frage nach dem Geheimnis seines Lebens und Wirkens gestellt. Oft zitierte er bei der Einschätzung von Ereignissen und Lebensvorgängen eine Regel Pater Josef Kentenichs, seines geistlichen Vaters, eine Regel, die hier nun auf Werner Krimm selbst angewendet werden soll. In dieser Regel geht es um die alles entscheidende Frage, ob ein Lebensvorgang, ein Bemühen oder ein Vorhaben dem Willen Gottes entspricht: Wenn die Menschen, die Gott als seine „Werkzeuge" bei der Gestaltung der Welt gewinnt, eigentlich schwache Menschen ohne Macht und öffentlichen Einfluss sind, wenn die Widerstände gegen ein geistliches Vorhaben groß sind, sich aber dennoch ein großer Erfolg einstellt, dann darf man das als Hinweis begreifen: Dieses Vorhaben ist gut und nach dem Plan Gottes.

Werner Krimm verstand sich im besten Sinn des Wortes als ein solches „schwaches Werkzeug". Er konnte sich über Gelungenes von Herzen freuen. Doch bis zu seinem Tod sprach er nicht davon, was er alles zustande brachte, sondern freute sich über das Wirken Gottes. Er war sich sehr seiner „Geringfügigkeit" – wie es Pater Kentenich nannte – als Mitarbeiter Gottes bewusst.

Widerstände, seine Berufung zu leben, kamen zuerst aus seiner eigenen Biographie. Besonders aber gab es Widerstände durch Zeitumstände. Ab Mitte der 1960er Jahre erlebte er sehr intensiv die Abkehr von geltenden Traditionen, die auch das christliche und kirchliche Leben betraf. Er empfand bedrückend den Glaubensschwund in weiten Kreisen der Gesellschaft. Er erlebte diesen Wandel an den Schülern, mit denen er als Religionslehrer und Schulseelsorger zu tun hatte, aber auch in der Begleitung von Priesterkandidaten, von Familien und Einzelnen. Seine Reaktion auf diese Veränderung könnte in den Satz gefasst werden, den er oft zitierte: „Vox temporis vox Dei". Die Stimmen der Zeit gaben ihm den Ansporn, gerade in den Veränderungen die Stimme und den Willen Gottes zu suchen und zu finden.

Trotz Widerstände erstaunt die Fruchtbarkeit seiner Arbeit, die sich nicht zuletzt nach seinem Tod bei der Feier seines Requiems und seiner Beisetzung zeigte. Die folgende Darstellung seines Lebens wird darum mit einer Deutung aus der Retrospektive beginnen, konkret mit der Predigt von Kardinal Lehmann während des Requiems.

Ich danke allen, die durch ihre Zeugnisse mitgeholfen haben, ein Lebensbild von Werner Krimm zu zeichnen. Dr. Peter Wolf danke ich, dass er sich als früherer Generalrektor der Priestergemeinschaft von Werner Krimm mit dem Kapitel über das Schönstatt-Institut Diözesanpriester einbrachte. Ihm, Frau Dr. Gertrud Pollak und meiner Frau Maria-Theresia danke ich für Beratung und Korrekturarbeiten. Den Nichten Werner Krimms, Ursula Dietzen und Dr. Barbara Krimm, danke ich für wichtige Informationen und Bilder aus dem Familienarchiv.

Ich selbst bedanke mich mit diesem Buch bei Werner Krimm für eine Wegbegleitung, die den größten Teil meines Lebens umfasst. Er war mein Religionslehrer ab der fünften Klasse. Ich erlebte ihn in der Jugendarbeit, dann in der Familienarbeit der Schönstatt-Bewegung. Gemeinsam war uns die Sorge für die Ausbildung pastoraler Mitarbeiterinnen und Mitarbeiter, besonders der Priester. In seiner Zeit als Ordensreferent des Bistums Mainz hatten wir unsere Büros im Bischöflichen Ordinariat nebeneinander. Er war seit den 1960er Jahren mein Geistlicher Begleiter, und ich durfte ihn bei seinem Heimgang begleiten. Ich danke mit den Vielen, die in diesem Buch zu Wort kommen, für sein Leben und Wirken.

Mainz, Pfingsten 2020 — *Hubertus Brantzen*

Anmerkungen zu Bildern und Zitaten

Teilweise ist die Qualität der Fotos nicht so gut. Doch weil diese Bilder meist historische Situationen darstellen, wurden sie dennoch in dieses Buch aufgenommen.

Wörtliche Rede und Zitate von Werner Krimm sind kursiv gedruckt. Zeugnisse über ihn sind ebenfalls kursiv gedruckt und etwas eingerückt.

Ein Netzwerk an Beziehungen

Eine beachtlich große Zahl von Menschen hatte sich im Mainzer Dom versammelt. Der Bischof von Mainz, Karl Lehmann, hatte zum Requiem für Ordinariatsrat Monsignore Werner Krimm am 25. Oktober 2000, 13 Uhr, eingeladen. Bis hinauf ins Ostchor standen Verwandte, Freunde, Ordensleute und vor allem Menschen, die Werner Krimm lange Wegstrecken als geistlicher Berater begleitet hatte. Etwa 300 Priester zogen in einer langen Reihe mit dem Bischof, den Mitgliedern des Domkapitels und der Bistumsleitung durch den Mittelgang des Doms ein. Ein großer Teil dieser Priester waren wie Werner Krimm Mitglieder der Priestergemeinschaft Schönstatt-Institut Diözesanpriester, einem Säkularinstitut. Sie waren aus vielen Bistümern Deutschlands angereist. Aber auch viele Priester des Bistums nahmen an der Feier teil. Er hatte viele von ihnen während ihrer Ausbildungs- und Dienstzeit begleitet.

Doch waren es nicht nur die Priester, die die Atmosphäre im Dom bestimmten. Als die Orgel mit verhaltenen Tönen einsetzte, war eine sehr eigene und berührende Stimmung zu spüren. Man konnte es gleichsam mit Händen greifen: Die meisten Anwesenden waren nicht nur Interessierte und Mitfeiernde, sondern Betroffene. Nach dem Gottesdienst formulierte der Direktor des Willigis-Gymnasiums, der Wirkstätte von Werner Krimm über fast 30 Jahre, was viele empfanden: „Das war ein Dom voller Beziehungen. Man hatte das Gefühl: Jeder Einzelne im Dom hatte eine persönliche Beziehung zu diesem Mann!“

Die letzten Tage seines Lebens

Werner Krimm war ein Mensch, der ein riesiges Netz von geistlichen Beziehungen aufgebaut hatte. Das war auch die Erfahrung, die viele Menschen während der Wochen seines Krankenhausaufenthaltes vor seinem Tod machten. In der Todesanzeige beschrieb der Generalvikar des Bistums, Dr. Werner Guballa, treffend:

> *„Wer in den vergangenen sechs Wochen im Mainzer Hildegardis-Krankenhaus Monsignore Krimm an seinem Kranken- und Sterbebett besuchte, konnte erleben, welche Fülle von geistlichen und seelsorglichen Beziehungen Werner Krimm im Laufe seines Lebens aufgebaut hat. Unzählige Priester, Ordensleute, Ehepaare und Einzelne nahmen bewusst Abschied von ihm. Immer wieder konnte man von den Besuchern hören, dass dieser Priester so, wie er gelebt hat, nun auch auf seinen Tod zuging. Viele werden die letzte Begegnung mit ihm als eine Ermutigung und Wegweisung für sich in Erinnerung behalten. Dankbar durfte unser Mitbruder in den schweren Wochen seiner Krankheit noch einmal komprimiert die Fruchtbarkeit seines priesterlichen Lebens und Dienstes erfahren.“*

Als der Generalvikar selbst nach einem Besuch aus dem Krankenzimmer des Krankenhauses heraustrat, stellte er gegenüber den Wartenden mit großer Betroffenheit und innerer Bewegung fest: „Das ist kein Mensch, der unseren Trost braucht, sondern einer, der andere tröstet.“

Die Ärzte und Krankenschwestern der Station fragten in persönlichen Gesprächen immer wieder, was Werner Krimm für ein Mensch sei. Sie konnten nicht begreifen, dass ein Mann, der buchstäblich den Tod vor Augen hatte, täglich Dutzende von Menschen empfing. Und alle gingen betroffen, nachdenklich oder auch mit frohem Gesicht von ihm weg.

Ein Bischof gibt Zeugnis

In die geistliche Atmosphäre des Requiems hinein gab Bischof Karl Lehmann, der spätere Kardinal Lehmann, ein berührendes Zeugnis vom Leben und Sterben Werner Krimms. Er selbst hatte in dessen letzten Lebenstagen den bereits vom Tod

Gezeichneten im Krankenhaus besucht. Er hatte ihm gedankt für die Begleitung so vieler Menschen, zuletzt der Ordensleute des Bistums seit 1987 über 13 Jahre lang.

Dom zu Mainz.

In den Herzen der Menschen lesen

Als Antwort auf diesen Dank erzählte Werner Krimm eine Begebenheit, die der Bischof in der Predigt so wiedergab:

> *„Er hat mir erzählt, wie er in den 1960er Jahren Pater Kentenich persönlich sprechen konnte und wie er von ihm viele Hinweise für seinen eigenen Weg erhielt. Ein Wort hat ihn dabei offenbar ganz besonders geprägt: ‚Lesen Sie nicht nur in Büchern, sondern mehr noch in den Herzen der Menschen.' Das muss ihn getroffen haben. Daraus kam die große und leidenschaftliche Zuwendung gerade auch zu vielen einzelnen Menschen. Darin sah er seine Lebensaufgabe. Manchmal hat er sich gefragt, ob es für ihn nicht besser gewesen wäre, Pfarrer zu sein und längere Zeit einer Gemeinschaft vorzustehen. Aber besonders in den letzten Wochen seines Lebens durfte er erfahren, wie viel guten Samen er durch seinen Weg in viele Herzen von Menschen legen durfte. Ja, er hat diesen Satz von Pater Kentenich wörtlich erfüllt: ‚Lesen Sie nicht nur in Büchern, sondern mehr noch in den Herzen der Menschen.' Weil er dadurch so vielen Menschen helfen und sie ermutigen durfte, darum sind heute so viele hier. Sie haben dies erfahren und können es bezeugen."*

Es war nicht so, dass Werner Krimm keine Bücher gelesen hätte. Zeitweise empfing er seine Besucher in seinem Arbeitszimmer, in dem an drei Wänden Regale mit Hunderten von Büchern standen. In seinen Vorträgen und Impulsen konnte man zudem deutlich spüren, dass er gerade wieder ein neu erschienenes Buch gelesen und ausgewertet hatte. Besonders Veröffentlichungen aus dem Bereich der Psychologie, Soziologie und solche zur Deutung gesellschaftlicher und kirchlicher Prozesse hatten es ihm angetan.

Doch Wissen aus Büchern war für ihn nicht Selbstzweck. Er verstand die Erkenntnisse, besonders aus dem Bereich der Sozialwissenschaften, als Hilfe, um in den Herzen der Menschen besser lesen und verstehen zu können, was Menschen umtreibt, um mit ihnen nächste Schritte ihres Lebensweges erarbeiten zu können.

Ein Mann der Diskretion

Bischof Lehmann:

> *„Ungeheuer viele Menschen – aus allen Lebenssituationen kommend – hat er begleitet. Äußerste Diskretion war ihm dabei selbstverständlich. Was er im Umgang mit vielen Einzelnen erfahren und gelernt hatte, das hat er mehr und mehr in Exerzitien, ja besonders auch als Ordensreferent unserer Diözese, weitergeben dürfen."*

In der Predigt spricht der Bischof von einem Merkmal, das den Umgang von Werner Krimm mit den Menschen auszeichnete: seine Verschwiegenheit und Diskretion. In vielen seiner Predigten und Vorträgen kamen Sätze wie „In der vergangenen Woche erzählte mir eine Ehefrau und Mutter ..." oder „Gerade hat mir ein Student in einem Brief geschrieben ...". Bei Vorträgen zog er dann oft einen Brief aus seinen Unterlagen heraus und las einen Absatz daraus vor. Immer gab er dabei zu verstehen, dass er den Schreiber angefragt hatte, ob er den Text anonym verwenden dürfe.

Bei den Zuhörern stellten sich dadurch zwei Empfindungen gleichzeitig ein. Einerseits hatte man das deutliche Gefühl: Hier spricht einer von authentischem Leben. Er benutzte keine Redefloskeln, er sprach von gelebtem Leben, das oft mit den eigenen Erfahrungen übereinstimmte. Zugleich hatte man aber das Gefühl, dass er keine Lebensgeheimnisse anderer ausplauderte, sondern in einem geschützten Rahmen Lebensvorgänge verdeutlichte. Das weckte so viel Vertrauen, dass viele wiederum dachten: So ernst und wertgeschätzt möchte ich mein eigenes Leben sehen. Darum vertrauten sich ihm so viele in Gesprächen und Briefen an.

Bei einem Besuch in Irland.

Er führte ins Weite

Bischof Lehmann fuhr in seiner Predigt fort:

> *„Werner Krimm ließ den Menschen einen weiten Raum. Immer wieder hat ihn das Wort aus Psalm 18 motiviert, wo es heißt: ‚Du führst mich hinaus ins Weite.' Weil er den Menschen innere Freiheit und einen weiten Raum ließ, darum konnte er sie auch in so intensiver Weise begleiten. Er suchte mit ihnen nach den Spuren und dem Willen Gottes. Er war überzeugt: Heilsgeschichte vollzieht sich auch in der Lebensgeschichte des einzelnen Menschen. Welchen Weg will Gott mir dir gehen? Das war eine Frage, die ihn in seinen Begleitungsgesprächen bewegte. Er war fest überzeugt, dass auch in schwierigen Situationen und in verfahrenen Lebenslagen immer wieder Zeichen der Hoffnung gefunden werden können. Alles war ihm durchsichtig auf den Herrn hin. Er hat alles abgefragt, die Nachrichten des Tages wie auch die kleinen Ereignisse. Das hat er als Mystik im Alltag verfolgt. Dabei war er vom Vorsehungsglauben Pater Kentenichs geprägt: Wohin will Gott den Menschen führen? Was hat er mit ihm vor? Diese Frage erwog er nicht nur mit Einzelnen, sondern schließlich auch mit Gemeinschaften und Konventen, ja auch mit Pfarrgemeinden."*

Der Bischof greift hier einen Gedanken auf, der Werner Krimm sein Leben lang bewegte. Einer der oft verwendeten Sätze lautete: *„Nichts geht über die Freiheit!"* Oft sprach er von Pater Kentenich als einem „Freiheits-Fanatiker" – und meinte damit auch sich selbst. Das kann als einer der Grundzüge der Spiritualität Werner Krimms betrachtet werden.

Interessant erscheint an den Worten des Bischofs, dass er den Freiheitsgedanken mit der Mystik im Alltag zusammenbringt. Erst der Mensch, der zu einer inneren Freiheit, zu einer Freiheit der Kinder Gottes durchgestoßen ist, ist disponiert, ehrlich nach den Wegen Gottes zu fragen, ohne eigene Ideen als Willen Gottes zu interpretieren.

Der Bischof erwähnt Werner Krimms Prägung durch den „praktischen Vorsehungsglauben“ Pater Kentenichs. Hier liegt eines der Hauptanliegen von Werner Krimm und sein Lebensgeheimnis schlechthin: die Suche nach den Spuren Gottes im Alltag, das Durch-Schauen der irdischen Wirklichkeiten auf Gott hin, einer „mystischen“ Schau der Realität auf deren göttlichen Wesensgrund und Aufforderungscharakter hin.

Zu Recht weist der Bischof darauf hin, dass diese Haltung des Glaubens Werner Krimm nicht weltfremd machte, sondern gerade seinen Realitätsbezug sicherte:

Portrait 1999.

„Werner Krimm war zuversichtlich. Ich durfte dies auch beim letzten Besuch noch erfahren. Aber er war ebenso äußerst nüchtern. Bei all der wohlwollenden Art, mit Menschen umzugehen, hatte er auch lange, lange Erfahrung im Umgang mit ihnen. So hat er manches glasklar diagnostiziert. Erst so konnte er dann auch wirklich helfen.“

Großzügigkeit und Weite

Unter den Perspektiven der Freiheit, Großzügigkeit und Weite spricht der Bischof dann von den Aufgabenfeldern, die Werner Krimm im Laufe seines Berufs- und Priesterlebens ausfüllte.

Da war zunächst seine 30-jährige Tätigkeit als Religionslehrer und Schulseelsorger am Bischöflichen Willigis-Gymnasium, der ehemaligen St. Marienschule in Mainz:

> *„Er war ein genialer Seelsorger in der Schule. Auch wenn es das Wort vielleicht noch gar nicht gab und nicht in dieser Form organisiert war, so gehört er – denke ich – zu den Gründern der Schüler- und Schulseelsorge. Beispielhaft hat er dies über Jahrzehnte am Willigis-Gymnasium praktiziert. Ich habe mir sagen lassen, dass zeitweise bis zu 40 Jugendgruppen am Willigis-Gymnasium tätig waren. Aus allen möglichen Verbänden hat er Engagement und Initiativen gefördert. Auch da war er großzügig und weit, verschiedene Wohnungen sozusagen zu bereiten. Oft war er bei fünf bis sechs Zeltlagern im Sommer aktiv dabei. Da war einer am Werk, der wirklich Zeuge in der Schule war, ohne es an gediegener Theologie und Religionspädagogik fehlen zu lassen.“*

In der praktischen Ausübung seines Dienstes zeigte Werner Krimm, wie er seine Seelsorge sah: als Dienst an der jeweils originellen Berufung der Menschen. Es war ein Spezifikum seiner Schulseelsorge, dass er verschiedene Jugendverbände nebeneinander förderte: die Marianische Kongregation – MC, die heutigen Gemeinschaften Christlichen Lebens – GCL, den Bund Neudeutschland – ND, die heutige Katholische Studierende Jugend – KSJ, und die Jugendgemeinschaft der Schönstatt-Bewegung, die heutige Schönstatt-Mannesjugend – SMJ. Die Tatsache, dass er anerkanntermaßen bis zu seinem 59. Lebensjahr Jugendarbeit machen konnte, zeigt: Er war nicht nur ein jung gebliebener Alter, sondern jemand, dessen authentische Begleitung als Seelsorger nicht aufgrund seiner Jugendlichkeit ermöglicht wurde, sondern ganz ausgerichtet war auf das, was die Jugendlichen und Kinder brauchten.

Ähnlich verhielt sich Werner Krimm in seinem anschließenden Arbeitsfeld als Referent der Diözese für die Orden und Säkularinstitute. Bischof Lehmann:

> *„Er hat Vertrauen geschaffen und unermüdlich immer wieder Besuche gemacht. So hat er in unserem Bistum immer stärker eine gute Verbindung zwischen den Ordensgemeinschaften und dem Bistum geschaffen. Ich danke ihm ganz besonders zusammen mit Schwester Birgitta, dass er in diesen Jahren mit vielen Schwestern und Brüdern immer wieder Veranstaltungen mit aufgebaut hat, immer wieder auch gemeinsame Exerzitien vorgeschlagen und durchgeführt hat, dass er den Ordensrat im Bistum zu einer Anerkennung führte und immer wieder Brüder aus den geistlichen Gemeinschaften gewinnen konnte.“*

Konkret hieß das: Werner Krimm wurde von mehreren Konventen und Regionalgruppen im Bistum angefragt, monatlich einen Besinnungstag zu halten, in dessen Rahmen die Mitglieder der jeweiligen Gemeinschaft bei ihm beichteten. Sie spürten offenbar bei ihm, dass er nicht nur als Kontaktperson des Bistums zur Verfügung stand, vielmehr empfanden sie seine seelsorgliche Kompetenz als Bereicherung für die Geistliche Begleitung der Einzelnen und der Gemeinschaften. Doch keineswegs umfasste seine Stellenumschreibung als Ordensreferent, dass er den Gemeinschaften etwa als Beichtvater zur Verfügung stehen sollte.

Als Vertreter des Bistums legte der Bischof in seiner Ansprache zunächst Wert auf die offiziellen Dienstfelder von Werner Krimm. So deutete er nur das breite Feld seiner ehrenamtlichen Tätigkeiten an:

> *„Viele hat Werner Krimm für den Glauben gewonnen, viele auf ihrem Lebensweg begleitet: In Ehe und Familie hat er über Höhen und durch Krisen viele gestützt und gestärkt und durch viele Schwierigkeiten hindurch zu ihnen gehalten.“*

Die Schönstatt-Bewegung in der Ortskirche

Umso interessanter ist allerdings, was der Bischof über Werner Krimm als Mitglied der Schönstatt-Bewegung betonte:

> *„Werner Krimm hat – so denke ich – aber darüber hinaus in einer ganz vorbildlichen Weise die Schönstatt-Bewegung mit dem Einsatz im Bistum zusammengebracht. Nie habe ich irgendeinen Riss oder eine Spannung dazwischen festgestellt. Das ist ein besonderes Geschenk seines Lebens für unsere Diözese. Wie viele junge und erwachsene Menschen konnte er für diesen Weg begeistern. Dadurch hat er ganz besonders segensreich gewirkt. Aber es gab bei ihm keine Rivalität, keinen falschen Wettbewerb, auch nicht irgendein merkwürdiges Schielen von der einen zur anderen Seite hin, auch keinen stillen Vorwurf. Er war fest überzeugt, wenn jemand, aus der Schönstatt-Bewegung bereichert, seinen Dienst tut, ist dies auch zugleich ein Segen für die konkrete Ortskirche ebenso wie für die Weltkirche."*

Schönstatt-Zentrum Rodgau-Weiskirchen bei Offenbach.

Diese Aussage wiegt umso mehr, als das Verhältnis der Geistlichen Bewegungen zu den Ortskirchen und Gemeinden nicht immer spannungsfrei beschrieben werden kann. Sehr oft wird die Arbeit in den Gemeinden einerseits und in den Geistlichen Bewegungen andererseits genau so empfunden: als Rivalität, falscher Wettbewerb, merkwürdiges Schielen nach der einen oder anderen Seite, und das mit stillem oder aber auch als laut ausgesprochenem gegenseitigem Vorwurf. Die Eigenprägung der Geistlichen Gemeinschaften wird von Gemeinden nicht selten als Störfaktor empfunden, die Arbeit der Gemeinden im Gegenzug von den Geistlichen Gemeinschaften als Ausdruck eines Christentums mit zu wenig spiritueller Tiefe.

Es kann nicht verschwiegen werden, dass Werner Krimm unter solchen gegenseitigen Vorwürfen litt. Umso wichtiger erscheint die Betonung des Bischofs, dass Werner Krimm durch seine Art der Seelsorge genau jene Rivalität vermied. „Nie habe ich irgendeinen Riss oder eine Spannung dazwischen festgestellt." So lauten das Kompliment und die Würdigung des Ortsoberhirten für einen Mann, der zugleich mit Leib und Seele Priester eines Bistums und Mitglied einer Geistlichen Gemeinschaft war.

In der Haltung Marias

Gegen Ende seiner Predigt verweist der Bischof auf eine wesentliche Kraftquelle für Werner Krimm: auf seine Beziehung zu Maria, der Mutter Jesu. Er dankt ihm für seine „wirkliche Weite in seinem Leben", die er als „Weite durch den Geist Gottes" identifiziert. Seine „Heiterkeit im Glauben" und „die Zuversicht mitten in Hoffnungslosigkeit" führt er zurück auf seine Nähe zu Maria:

> *„Darum hat er auch gerade so viel Kraft aus der Verehrung Mariens gezogen. Sie war die Frau, die offen war für viele Anrufe, für unwahrscheinliche Anrufe Gottes, die man gar nicht für menschenmöglich hält. Werner Krimm blieb offen und sensibel für den Willen Gottes, auch wenn es*

ungewöhnlich erschien. Da war eine große Kraft aus dem marianischen Glauben für die Begleitung vieler Menschen, und nicht zufällig war ihm die Muttergottes zusammen mit Johannes unter dem Kreuz ein ganz persönliches und wichtiges Motiv: auszuhalten, dabeizubleiben, auch in bitteren Stunden nicht davonzulaufen.“

Das Zeugnis für Werner Krimm beendete der Bischof mit folgenden Worten:

„Er war ein Mann des Austausches, der Gaben, ein Mann, der dies ganz still ohne große Worte gemacht hat und gerade so für uns ein wirklicher Begleiter und ein wirklicher Meister des geistlichen Lebens geworden ist, ein wahrer Seelsorger nach dem Herzen des Herrn.“

Kindheit und Jugend

Geboren wurde Werner Krimm am Sonntag, dem 15. Juli 1928, in der Gemeinde Nieder-Liebersbach im Odenwald, Sulzbacher Straße. Seit 1970 ist Nieder-Liebersbach ein Ortsteil von Birkenau. Werners Mutter, Maria Magdalena Krimm, geb. Arnold, (*27.1.1900 †21.3.1968) arbeitete vor der Geburt ihrer Kinder als Verkäuferin, sein Vater, Franz Joseph Krimm (*4.4.1901 †15.8.1949), war Lehrer.

Geburtshaus in Nieder-Liebersbach im Odenwald – mit dem Schild „Backstube", da sein Großvater Arnold Bäckermeister war.

Vater Franz Krimm.

Vater Franz – 1901 in Dieburg geboren als drittes Kind von Peter Krimm II. und Frau Anna-Maria, geb. Christ, in zweiter Ehe – hatte nach dem Besuch des Lehrerseminars in Bensheim und der Staatlichen Schlussprüfung für Schulamtsanwärter 1924 verschiedene Stellen als Lehrer inne, zunächst in Heppenheim a. d. Bergstraße (1922-1925), dann in Aschbach bei Heppenheim (1925-1928), Eppertshausen bei Dieburg (1928-1940), schließlich Heubach im Odenwald (ab 1940 bis zur Pensionierung).

1935 erkrankte Franz Krimm schwer mit der Diagnose „Neurose". Es folgten Krankenhausaufenthalte, eine Operation an der Schilddrüse, eine Kur in Schlangenbad im Taunus.

Nach einjährigem Militärdienst 1943-1944 wurde er wieder freigestellt für den Schuldienst. Nach Kriegsende ließ ihn die Militärregierung wieder zum Schuldienst zu. Diese ausdrückliche Zulassung war offenbar notwendig, nachdem er 1934 Anwärter für die SA, von 1933 bis 1945 Mitglied im Nationalsozialistischen Lehrerbund, im Nationalsozialistischen Wohlfahrtsverband sowie Untergruppenführer im Reichsluftschutzbund gewesen war.

Mutter Maria-Magdalena Krimm, geb. Arnold.

Franz Krimm heiratete 1924 in Heppenheim Maria Magdalena, Werners Mutter. Sie war eine Tochter des Bäckermeisters Johannes Arnold und dessen Frau Katharina, geb. Emig. Vor der Hochzeit war sie, die in einem evangelischen Elternhaus groß geworden war, zur katholischen Kirche konvertiert. Ihre persönliche Situation in der Ehe war jedoch durch den Charakter ihres Mannes, sicher auch durch dessen weltanschauliche Einbindung in den Nationalsozialismus, äußerst prekär. Offenbar war das Elternhaus in Nieder-Liebersbach für sie ein Zufluchtsort.

Werner hatte eine drei Jahre ältere Schwester, Maria Magdalena Agnes (* 15.11.1925 † 3.12.2004), und einen vier Jahre jüngeren Bruder, Lothar Otto Karl (* 5.6.1932 † 13.12.2009).

Die junge Familie im Herbst 1929 mit der älteren Schwester Maria und dem einjährigen Werner.

Die drei Geschwister: Maria und Lothar mit Werner, sieben Jahre.

Vier Tage nach seiner Geburt, am 19. Juli 1928, wurde er in der katholischen Kirche von Nieder-Liebersbach auf den Namen Werner Franz Peter getauft. Taufpate war sein Großvater, Peter Krimm II.

Zur Erstkommunion ging Werner am 19. April 1936 in Eppertshausen, wo er am 12. August 1939 auch gefirmt wurde.

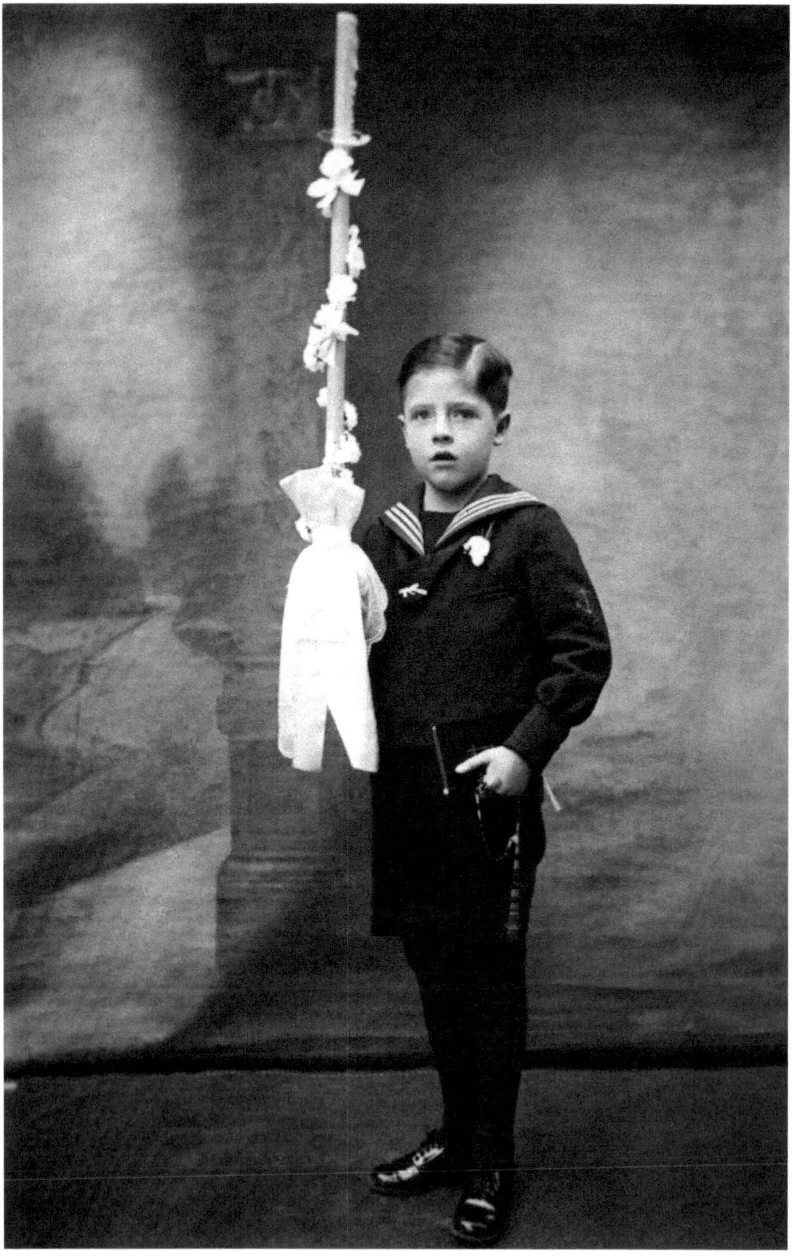

Werner als Erstkommunionkind April 1936.

Schulzeit

Werner Krimm wurde an Ostern 1934 in der Volksschule Eppertshausen bei Dieburg (nahe Darmstadt) eingeschult. Es war jene Schule, in der sein Vater seit 1928 als Lehrer eingesetzt war. Die Zeugnisse aus dieser Zeit weisen Werner als einen guten bis sehr guten Schüler aus. Die sogenannten Kopfnoten für Betragen, Fleiß und Aufmerksamkeit, meist mit dem Prädikat „gut“, lassen ahnen, dass Werner nicht nur Lernen und Bravsein im Kopf hatte, sondern sich auch anderen Dingen widmen konnte.

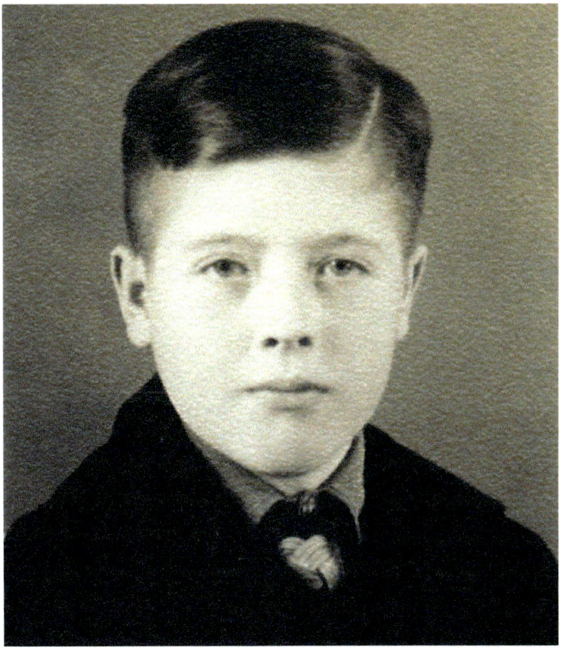

Werner als Schulkind.

Die folgenschwere Besonderheit der Grundschulzeit war, dass Werner in der dritten und vierten Klasse seinen Vater als Klassenlehrer hatte. Seine Noten zeigten besonders in der vierten Klasse zwar eine deutliche Tendenz in Richtung „sehr gut“, doch die Strenge des Vaters besonders ihm gegenüber machte ihm zu schaffen.

Werner Krimm in der dritten Grundschulklasse 1937. Sein Vater links als Klassenlehrer. Werner in der obersten Reihe stehend, Fünfter von links.

Eine Zwischenstation seiner schulischen Laufbahn war von Ostern 1938 bis Ostern 1940 die Oberschule für Jungen in Dieburg. Im Jahr 1940 wurde sein Vater an die Volksschule in Heubach im Odenwald versetzt. Für die Familien stand ein Umzug in das Lehrerhaus des Ortes in der Erzbergerstraße 8 an, infolgedessen Werner seine Schulzeit an der Adolf-Hitler-Schule im nahe gelegenen Groß-Umstadt, einer Oberschule für Jungen und Höhere Landwirtschaftsschule, fortsetzte.

Seine schulischen Leistungen bewegen sich zwischen den Noten „sehr gut“ und „gut“. Einzig in der Beurteilung „körperliche Leistungsfähigkeit“, die in dieser Zeit eine besondere Rolle spielte, kam er mit „ausreichend“ auf keinen grünen Zweig. In einer Beurteilung im Zeugnis Juli 1941 heißt es:

> *„In den Leibesübungen zeigt er guten Einsatz, muß aber noch gewandter und härter werden. Gute Auffassungsgabe verbunden mit Fleiß und reger Beteiligung am Unterricht lassen ihn in den wissenschaftlichen Fächern gute Leistungen erzielen. Sein Verhalten ist einwandfrei.“*

Ein Jahr später wird ihm dann bescheinigt:

> *„Bei gutem Einsatzwillen sind Gewandtheit und Härte in den Leibesübungen besser geworden."*

Dann aber schlug offenbar die Pubertät zu Buche. In der allgemeinen Beurteilung vom Juli 1943 heißt es:

> *„Werner ist im allgemeinen fleissig und hat seinen Anlagen entsprechend Erfolge. In manchem müsste er gewissenhafter sein. Auch seine Beteiligung am Unterricht hat nachgelassen. Sein Betragen ist einwandfrei."*

Das verbesserte sich aber im folgenden Jahr wieder. Im Sommerzeugnis – es gab Zeugnisse zu Weihnachten, Ostern und im Sommer – wird ihm wieder „in den Leibesübungen gute Leistungsbereitschaft" und „verständnisvolle und eifrige Mitarbeit in den wissenschaftlichen Fächern" bestätigt. Zudem wird hervorgehoben, dass er sich für eine Heilkräutersammlung sehr eingesetzt habe. Dieses Zeugnis vom 17. Juli 1944 ist das letzte, nachdem er bereits zum Militärdienst eingezogen worden war.

Nach seiner Entlassung aus der Wehrmacht und nach dem Kriegsende am 2.9.1945 beginnt er am 15.11.1945 einen einjährigen Sonderlehrgang für Abiturienten am Realgymnasium in Michelstadt im Odenwald. Mit Datum von 15. Oktober 1946 erhält er sein Reifezeugnis vom Großhessischen Staatsministerium. Es ist ein überragendes Zeugnis, das in allen Fächern die Note „sehr gut" ausweist.

Großhessisches Ministerium für Kultus und Unterricht

Realgymnasium Michelstadt

REIFEZEUGNIS

Hessen Gebührenmarke Reichs 3 Mark Drei Reichsmark 6.11.46

Hessen Gebührenmarke Reichs 2 Mark Zwei Reichsmark 6.11.46

Dem Abiturienten Werner Krimm

geboren am 15. Juli 1928 in Nieder-Liebersbach Kreis Heppenheim a.d.B.

zur Zeit wohnhaft in Heubach i.Odw.

wird auf Grund seines Abgangszeugnisses von der Oberschule für Jungen -Schule

in Gross-Umstadt vom 17. Juli 1944 und auf Grund der

Ergänzung seines Schulabschlusses durch erfolgreichen Besuch eines Sonderlehrganges für Abiturienten

an der Realgymnasium -Schule in Michelstadt i.Odw.

vom 15.November 1945 bis 15.Oktober 1946 die Reife zuerkannt

und damit die Berechtigung zum Besuch deutscher wissenschaftlicher Hochschulen verliehen.

Leistungen im Sonderlehrgang und in der S.L.-Reifeprüfung

Deutsch	sehr gut	Mathematik	sehr gut
Gemeinschaftskunde	sehr gut	Physik	sehr gut
Geschichte	sehr gut	Chemie	sehr gut
Erdkunde	sehr gut	Biologie	sehr gut

Latein	sehr gut
Griechisch	./.
Englisch	sehr gut
Französisch	./.

Das Abgangszeugnis vom 17.7.44 gilt als Teil dieses Reifezeugnisses.

Michelstadt, ~~Wiesbaden~~, am 15. Okt. 1946

I. A.

L. Kammer

Ministerialrat

Groß Hessisches Staatsministerium – Der Minister f. Kultus u. Unterricht

Michelstadt

Schmitz, Gießen

Reifezeugnis nach Kriegsende.

Militärdienst

Laut zwei Bescheinigungen vom August 1952, die Werner Krimm wohl vor den ersten Weihen im Bistum Mainz vorlegen musste, war er vom 10. Januar 1944 bis 2. April 1945 als Luftwaffenhelfer bei der deutschen Wehrmacht eingezogen worden.

In seinem „Merkbuch", einem Tagebuch, das er für das Jahr 1944 führte, trug er am 5. Januar ein: *„Habe den Heranziehungsbescheid erhalten. (Lwh.) [Luftwaffenhelfer] – Schulbeginn."* Am 10. Januar war es dann soweit:

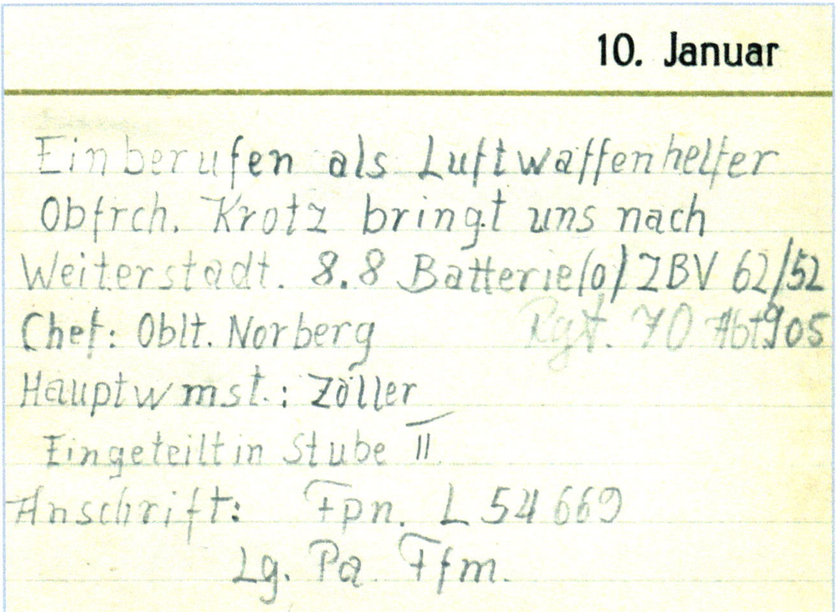

10. Januar

Einberufen als Luftwaffenhelfer
Obfrch. Krotz bringt uns nach
Weiterstadt. 8.8 Batterie(o) ZBV 62/52
Chef: Oblt. Norberg Rgt. 70 Abt 905
Hauptwmst.: Zöller
Eingeteilt in Stube II
Anschrift: Fpn. L 54 669
Lg. Pa. Ffm.

Aus seinem Kriegstagebuch.

Als 15-Jähriger erhielt er zunächst keine intensive militärische Ausbildung, sondern erlebte 14 Tage nach seiner Einberufung seinen ersten Einsatz: *„20. Januar. Samstag: Erste Feuertaufe! 11.05 Uhr 1. Schuß gefallen. Im Abteilungsbereich drei Maschinen abgestürzt. /132 Sch. [Schuss]"*

Es folgte eine Zeit, in der der Militärdienst und die Ausbildungseinheiten zum Luftwaffenhelfer immer wieder durch Besuche zu Hause, Schulzeiten, Ausflüge, viele Kinogänge und Besuche in Familien von Kameraden unterbrochen wurden.

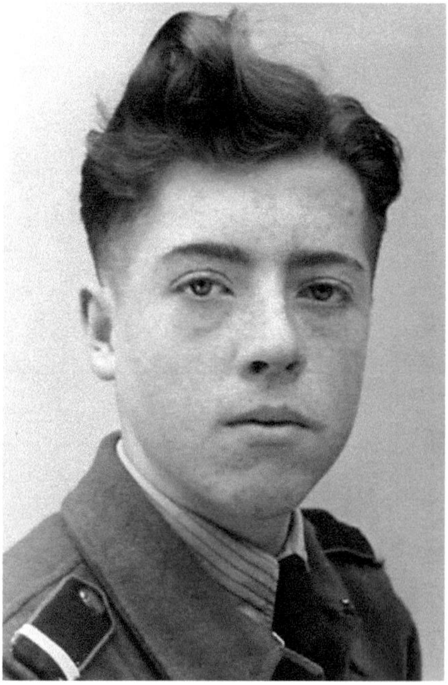

Als 15-Jähriger in Uniform.

Am Sonntag, dem 14. Mai 1944, stand die *„Vereidigung in Eberstadt auf unseren Führer“* an. Für Samstag, den 15. Juli notierte er: *„Mein Geburtstag ... 16 Lenze“*. Für Samstag, den 22. Juli: *„Zum letzten Mal in der Schule.“* Dies bedeutete nun endgültig, dass es bis zum Ende des Krieges keinen Schulunterricht mehr gab.

Die Notizen für die Zeit bis Ende August lesen sich wie Beschreibungen einer relativ ruhigen Spanne zwischen Freizeit, Entspannung – und ein bisschen Militär. Ab Ende August 1944 beschrieb er einige Male militärische Einsätze im Rheingau, bei denen er die Aufgabe hatte, herannahende Feindflugzeuge mit Scheinwerfern einzufangen, damit andere die Bomber beschießen konnten. Dabei blieben die Einsätze seiner Einheit nicht immer gefahrlos.

An einigen Tagen schreibt er Notizen über Fliegeralarm auf. Am Montag, dem 25., und Mittwoch, dem 27. September, beobachtete er über den Rhein hinweg jeweils Angriffe auf die Stadt Mainz.

Für das Jahr 1945 führte Werner Krimm kein eigenes Tagebuch mehr. In das von 1944 legte er einige wenige Zettel ein. Auf einem größeren Blatt beschloss er das Kapitel seiner Zeit bei der Wehrmacht:

„2. April 45. Der Spuk hat ein Ende. 1. Epoche beendet. Lese ich heute diese Notizen durch, dann überkommt mich ein leises Erschauern. Das waren wir. Wirklich! Ohne irgendwas Höheres! Ein Trost, dass gegen Ende die Aufzeichnungen fehlen. War keine Zeit mehr gewesen? Nein! Langsam mußte doch etwas anderes die Oberhand bekommen haben, das Erkennen der Wahrheit. Ich will unter diese Zeit den Schlußstrich setzen. ‚Ein neues Leben ist's, es ist schon lang begonnen.' (Goethe)"

Dieses Fazit drückte einen persönlichen Reifungsprozess des 16-Jährigen aus, der in eine große Ernsthaftigkeit mündete. Er war offenbar erstaunt über seine eigene Naivität, mit der er in den Kriegsdienst eingerückt war. *„Das waren wir. Wirklich! Ohne etwas Höheres!"*

In der Reflexion dieser Zeit wurde für ihn deutlich, dass er, wie seine Kameraden, das Kriegsgeschehen unkritisch durchlebt hatte. Die Frage nach dessen Sinn oder Unsinn oder gar ein religiöses Hinterfragen des „Spuks" kamen nicht vor. Umso klarer wurde beim Rückblick, dass er unter diese Phase seines Lebens einen Schlussstrich ziehen und einen Neubeginn setzen wollte.

Wie ernst er diesen Neubeginn nahm, zeigte sich in der nachfolgenden Schulzeit, in der er das Abitur nachholte. Die Noten des Reifezeugnisses weisen darauf hin, wie intensiv er die Zeit zwischen Herbst 1945 und Herbst 1946 nutzte, um persönlich weiterzukommen.

Prägung in seiner Familie

Werner Krimm sowie seine Geschwister Maria und Lothar berichteten von einer schwierigen Familiensituation, die besonders durch den Charakter und das Verhalten des Vaters geprägt war. Der Vater, den viele aufgrund seines rötlichen Haarwuchses den „roten Franz“ nannten, galt als äußerst jähzornig und aggressiv, ja unberechenbar. Prügel für die Kinder waren an der Tagesordnung. Seine Frau litt unter diesem Verhalten so sehr, dass sie, wie sie später berichtete, mit dem Gedanken gespielt habe, ihren Mann zu verlassen. Doch das sei in der damaligen Zeit eher schwierig gewesen. Auch litt sie darunter, dass sie nach dem Tod ihres Vaters Arnold keinen Zufluchtsort mehr hatte. Im Elternhaus in Nieder-Liebersbach hatte sie ihre Kinder Maria und Werner geboren. Zwar blieb das Haus in Familienbesitz, doch war das Zuhause bei den Eltern damit verloren.

Wie schwierig sich die Situation in der Familie gestaltete, lässt sich auch daran ablesen, dass die Tochter Maria aus der Familie herausgenommen und bei der ältesten Schwester ihrer Mutter, Katharina, großgezogen wurde.

Die Hypothek eines aggressiven Vaters

Dass das jähzornige Verhalten des Vaters gegenüber seinen Kindern über das erträgliche Maß hinausging, berichtete Werner Krimm erst im fortgeschrittenen Alter, als ihm selbst bewusst geworden war, wie sehr das Verhalten des Vaters seine eigene Entwicklung negativ beeinflusst hatte. Er erzählte aus der Zeit der Grundschule in Eppertshausen, als er den Vater zugleich als Lehrer in der dritten und vierten Klasse erleben musste. In regelmäßigen Abständen, offenbar über längere Zeiten hinweg täglich, zitierte der Vater seinen Sohn zu Beginn des Unterrichts vor die Klasse, um ihn zu verprügeln. Als Grund nannte er, die Klassenkameraden sollten nicht denken, er bevorzuge seinen Sohn.

Ein Mitschüler berichtete: Als Werner wieder einmal etwas vergessen hatte, jagte sein Vater ihn aus der Klasse mit den Worten: „Geh nach Hause zur Alten!“

Ganz rechts Sohn Werner am Arm des Vaters.

Die Auswirkungen einer solchen Erfahrung, gegen die sich Werner als Grundschüler nicht wehren konnte, blieben nicht aus. Es entstand in ihm das Bild eines Vaters und einer Autorität, der man hilflos ausgeliefert war. Nur mit striktem Gehorsam, der allerdings auch noch kein berechenbares Verhalten des Vaters sichern konnte, war eine einigermaßen erträgliche Atmosphäre zu Hause und in der Schule möglich.

Die religiöse Erziehung

Zu diesem autoritären Erziehungsstil kam eine Art religiöser Erziehung, in der massiv der Glaube als Mittel zum Bravsein missbraucht wurde. Formen und Inhalte des katholischen Glaubens prägten das Alltagsleben, besonders die Vorstellungen eines Gottes, der die Menschen überwacht. Der zur damaligen Zeit oft zitierte Satz „Ein Auge ist, das alles sieht, auch was in finstrer Nacht geschieht!“ hatte auch bei Familie Krimm Einzug gehalten. „Der liebe Gott sieht alles!“ An diesen Satz erinnern sich alle Geschwister. Selbst die Enkelgeneration, die beiden Töchter des Bruders Lothar, erinnern sich an entsprechende Erzählungen.

Aus der Kinderzeit.

Diese Mentalität religiöser Erziehung und katholisch geprägte religiöse Formen, durchdrungen von dem autoritären Erziehungsstil des Vaters, ergaben für die Bildung der Persönlichkeiten der Kinder eine explosive Mischung. Es entstand für sie so etwas wie ein Käfig von strengen Prinzipien und Normen, dem kaum zu entrinnen war. Diese Situation sollte die spätere seelsorgliche Arbeit von Werner Krimm bis Mitte der 1960er Jahre prägen.

Verhältnis zu seiner Mutter und seinen Geschwistern

Die einengende und schwierige Situation in der Familie konnte alleine von der Mutter einigermaßen erträglich gehalten werden. Sie hatte offenbar eine sehr empathische Art, durch die sich die Kinder vor dem Schlimmsten retten konnten.

Die Beziehung von Werner Krimm zu seiner Mutter blieb bis zuletzt eine herzliche. Sie wohnte später bis zu ihrem Tod 1968 in seinem Haushalt in Mainz. In der Todesanzeige hieß es: *„Sie war bereitet durch ein Leben aufrichtiger Frömmigkeit und unermüdlicher Sorge für ihre Familie.“* Diese Worte waren im Blick auf ihre Lebens- und Ehegeschichte keine Floskeln, sondern eine echt empfundene Beschreibung ihrer Eigenschaften. Ihr Requiem hielt ihr Sohn Werner in der Ostkrypta des Mainzer Doms.

Mutter Maria-Magdalena nach dem Tod des Vaters mit ihren Kindern Maria, Werner und Lothar.

Zur Herkunftsfamilie der Mutter, speziell zur Familie seiner Tante Katharina, in der seine Schwester gelebt hatte, pflegte Werner Krimm Kontakte. Zu dieser Familie Wagner gehörten auch die beiden Brüder Otto und Hans, mit denen Maria gemeinsam groß geworden war. Dr. phil. Otto Wagner war maßgeblich an der Gründung der hessischen CDU beteiligt, Dr. phil. Hans Wagner war von 1974 bis 1984 Landtagspräsident in Wiesbaden.

Mit seiner Schwester Maria, die ebenfalls zeitweise in seinem Haushalt wohnte, fühlte er sich in besonderer Weise durch die Spiritualität Schönstatts verbunden. Sie hatte durch ihn die Schönstatt-Bewegung kennengelernt und war in das Säkularinstitut „Frauen von Schönstatt“ eingetreten. Sie war und blieb über lange Zeit für ihn eine wichtige Ansprechpartnerin. Umgekehrt begleitete Werner seine Schwester auf ihrem geistlichen Weg und in ihrem Beruf als Grundschullehrerin.

Zu Lothar, der ihn um neun Jahre überlebte, pflegte er ein brüderliches Verhältnis. Er war ein gern gesehener Gast bei den Familienfesten des Bruders und bei den Besuchen zu den Festen des Kirchenjahres. Als Werner Leiter des katholischen Lehrlingshauses in Mainz wurde, sorgte er dort für eine Anstellung des Bruders als Hausleiter. Umgekehrt war Lothar immer zu praktischen Hilfen für seinen Bruder zu haben. So half er beispielsweise beim Aufbau der Zeltlager, die Werner in der Zeit als Religionslehrer und Schulseelsorger am Willigis-Gymnasium hielt.

Studium und Priesterweihe

Da sein Vater ihm ein Theologiestudium verwehrte, schrieb sich Werner Krimm am 15. April 1947 zum Sommerhalbjahr für das Studium der Mathematik und Physik an der Technischen Hochschule Darmstadt ein. Nach zwei Semestern wechselte er für die gleichen Studiengänge an die 1946 wieder errichtete Universität Mainz. Drei weitere Semester blieb er beim Studium der Mathematik und Physik, bis er im Winterhalbjahr 1949/50 zum Studium der Theologie wechselte.

Der Rektor der Technischen Hochschule Darmstadt, Gustav Mesmer, schrieb für den Übergang nach Mainz an das dortige Sekretariat der Universität am 5.2.1948 folgende Empfehlung:

> *„Der Student Werner Krimm ist mir von seiner Schulzeit her und als Studierender der Mathematik an unserer Hochschule bekannt. Ich schätze ihn als überdurchschnittlich befähigt und bemüht. Seinem Antrag auf Zulassung zum Weiterstudium würde die Hochschule ohne weiteres entsprechen. Er hat jedoch den begründeten Wunsch geäußert, an die Universität Mainz überzugehen. Ich befürworte daher seine Zulassung dort aufs wärmste."*

Interessant ist in dieser Studienphase sowohl in Darmstadt wie in Mainz, dass er neben den naturwissenschaftlichen Fächern auch geistes- und sozialwissenschaftliche Vorlesungen und Seminare belegte. Gleich im ersten Semester waren es Vorlesungen zu den Themen „Einführung in die Philosophie" und „Methoden psychologischer Forschung". Es folgten in den nächsten Semestern: „Der Mensch und sein Ethos" und „Das Weltbild des Biologen", „Grundfragen des katholischen Glaubens", „Der Aufstieg des Geistes" (Philosophie), „Rembrandt: Reife und Vollendung" und „Italienische Kunst im Zeitalter des Dante, Petrarca und Boccaccio".

Ausflug zu Studienzeiten 1952.

Was man zunächst als breites Interesse an Gemeinbildung interpretieren könnte, vermittelt aber im Lichte des nachfolgenden Theologiestudiums und seiner beruflichen Tätigkeit einen Eindruck von der Persönlichkeit und der Interessenslage des jungen Studenten. Werner Krimm brachte einen Blick für den ganzen Menschen mit. Er suchte nach einer ganzheitlichen Schau der Lebensrealität. Die Suche nach dieser ganzheitlichen Schau, die sich zu einer Leidenschaft weiterentwickelte, Menschen zu verstehen und zu begleiten, blieb ihm bis zu seinem Lebensende erhalten.

Theologiestudium und Priesterseminar

Nach dem Tod seines Vaters am 15. August 1949 wechselte er zu Beginn des Winterhalbjahres 1949/50 zum Studium der Philosophie und Theologie an der Uni Mainz und zog in das Priesterseminar der Bischofsstadt ein. In seinen Notizen für die Jahre 1949 und 1950 schrieb er mit fetten Buchstaben *„Eintritt in das Priesterseminar – Herr, hilf.“*

Er studierte bei Karl Holzammer, dem späteren Intendanten des Zweiten Deutschen Fernsehens, Philosophie, die ihn so beeindruckte, dass er sie in späteren Jahren immer wieder zitierte. Theologische Lehrer fanden auch immer wieder einmal Erwähnung, meist aber mit amüsanten Episoden, so die eher unbekannten Professoren Ludwig Lenhart (Kirchengeschichte und Patrologie), August Reatz (Dogmatik), Nikolaus Adler (Neues Testament), Ludwig Berg (Christliche Anthropologie und Sozialethik), Johannes Kraus (Fundamentaltheologie, Moraltheologie und Ethik). Abschlussprüfungen zu den einzelnen theologischen Fächern verteilten sich über das gesamte Studium.

Das Wintersemester 1953/54 war das letzte Semester des neunsemestrigen universitären Studiums. Die Exmatrikulation fand laut Studienbuch am 4. Mai 1954 statt.

Eingang zum Mainzer Priesterseminar, Augustinerstraße 34.

Erster Kontakt mit Schönstatt

Als Werner Krimm 1949 ins Priesterseminar einzog, waren die Alumnen wegen der großen Zahl in verschiedenen Häusern untergebracht. Er selbst zog in das Haus Grebenstraße 6. Dort waren die Studenten in kleinen Gruppen auf den Zimmern verteilt. Er kam mit einem Studenten aus dem Bistum Speyer, Rudolf Nether, zusammen. Die beiden freundeten sich an.

Sehr bald entdeckte er auf dem Nachtisch seines Zimmermitbewohners ein Kärtchen, das mit kyrillischen Buchstaben beschrieben war. Er fragte ihn, was das zu bedeuten habe, und bekam die Auskunft: „Ich halte meine geistliche Tagesordnung." Ihm wurde erklärt: In der Schönstatt-Bewegung gäbe es den Brauch, dass sich jeder selbst eine schriftliche geistliche Ordnung für den Tag gebe. Man schreibe darauf Gebetszeiten sowie selbst gewählte Punkte, die man besonders beachten wolle. Zusätzlich gäbe es einen besonderen Vorsatz, das „Partikularexamen", mit dem man in geeigneter Weise ein inneres Wachstum anstrebe und der mit dem „besonderen Vorsatz" der Beichte identisch sein könne. Diese geistliche Tagesordnung sollte man am Abend schriftlich kontrollieren, damit sie nicht in Vergessenheit geraten würde.

Als Seminarist bei einer Feier in Bürstadt 1951.

Werner Krimm war von dieser geistlichen Tagesordnung seines Mitstudenten beeindruckt. Sie sprach sein grundsätzliches pädagogisches Interesse an. Das war eine gute Möglichkeit, nicht Monat für Monat sich mit Vorsätzen herumzuplagen, die dann doch wieder im Laufe der Zeit wegrutschten.

Theologengruppe im Priesterseminar

Diese pädagogische Eigenart schönstättischer „Selbsterziehung", wie Rudolf Nether sie nannte, war der Anlass, sich intensiver mit der Spiritualität Schönstatts zu beschäftigen. Er lieh sich Literatur aus, ging mit zu Treffen und Tagungen der Theologengemeinschaft. Schließlich übernahm er selbst die Leitung der Seminargruppe.

In einem Brief vom 24. Februar 1955, zwei Monate, bevor er seine erste Kaplanstelle in Darmstadt antreten sollte, informierte er die Leitung seiner Theologengemeinschaft über einen Leitungswechsel in Mainz. Gunther Mohler, ein Pfarrkind von Pfarrer Wilhelm Engel in Weiskirchen, der seinerseits zu der Priestergemeinschaft zählte, sollte die Leitung der Gruppe übernehmen.

Im gleichen Brief berichtete er im Blick auf die Zeit nach dem Priesterseminar:

„Es wäre gut, wenn eine gewisse Verbindung auch in Zukunft gewahrt bliebe. Wir haben es uns für die Schönstattpriester, die aus unserem Seminar herauswachsen, so überlegt, dass diese für unsere Schönstätter Theologen- und Priestergemeinschaft jeden Tag die Sext beten und jeden Abend um 21 Uhr den priesterlichen Segen erteilen."

Werner Krimm schloss sich der Priestergemeinschaft des Schönstatt-Instituts Diözesanpriester an, die Pater Kentenich am 18. Oktober 1945, kurz nach seiner Rückkehr aus dem Konzentrationslager Dachau, gegründet hatte.

Die Weihen

Wie vor dem Zweiten Vatikanischen Konzil üblich, empfing Werner Krimm die sogenannten niederen Weihen:

Entwurf seines Primizkelches.

31.05.1952	Tonsur
22.12.1952	Ostiarier und Lektor
29.06.1953	Exorzist und Akolyt

Es folgten die Weihen:

15.05.1954	Subdiakon
22.05.1954	Diakon
01.08.1954	Priesterweihe und erste heilige Messe in Konzelebration.

Alle Weihen wurden durch Bischof Dr. Albert Stohr gespendet bzw. alle Urkunden von ihm unterschrieben.

Nach der Priesterweihe folgte eine pastoralpraktische Ausbildung im Priesterseminar.

Am 16.03.1955 erhielt er ein Dekret über die Beichtvollmacht, über die Ausübung der priesterlichen Aufgaben und über die Verkündigung. Es folgten bis 1968 entsprechende Verlängerungsdekrete. Danach waren solche Verlängerungen nicht mehr üblich.

Tätigkeiten und Ernennungen im Bistum Mainz – Überblick

Primiz in Heppenheim an der Bergstraße.

25.04.1955	Kaplan in St. Ludwig/Darmstadt bei Pfr. Dr. Dr. Degen
01.04.1957	Kaplan in St. Stephan Mainz bei Pfr. Jäger
01.04.1959	Rektor im Mainzer Lehrlings- und Ketteler-Haus und Religionslehrer am Bischöflichen Gymnasium St. Marienschule, später umbenannt in Willigis-Gymnasium, Mainz
05.10.1959	Diözesanpräses des Jung-KKV (Katholischer Kaufmännischer Verein)
01.04.1962	Studienrat im Kirchendienst

10.04.1963	Genehmigungen der Privilegien des Priester-Missionsbundes – Segnung von Andachtsgegenständen
30.11.1963	Indexerlaubnis für sich selbst und zur Erteilung an andere (verbotene Bücher und Zeitschriften zum Zwecke der Forschung) durch Generalvikar Haenlein
14.05.1964	Erlaubnis durch Bischof Volk, das Brevier in deutscher Sprache beten zu dürfen
01.03.1967	Oberstudienrat im Kirchendienst
09.05.1967	Entlastung als Geistlicher Beirat des Verbandes DJK
01.08.1973	Titel Pfarrer
03.06.1978	Geistlicher Rat
01.08.1987	Referent für die Ordensangehörigen im Bistum Mainz
01.01.1988	Ordinariatsrat
01.05.1988	Mentor der gottgeweihten Jungfrauen (virgines consecratae) im Bistum
12.10.1992	Rector ecclesiae für die Kapelle im St. Rochus-Stift (Kapelle des Personaldezernats)
01.10.1994	Mitglied im Priesterrat des Bistums
26.10.1999	Monsignore

Die ersten Priesterjahre

Erste seelsorgliche Erfahrungen, die gleich zwei Wochen nach seiner Priesterweihe begannen, sammelte er als Urlaubsvertretung für die Pfarrer in Haßloch, Mörlenbach im Odenwald und Fürth im Odenwald. Nach einem Semester Aus- und Weiterbildung als Neupriester im Priesterseminar half er einen Monat in Sulzheim / Rheinhessen aus.

Zeit als Kaplan

Es folgte der reguläre Einsatz als Kaplan in den Gemeinden St. Ludwig Darmstadt (25.04.1955 bis 31.03.1957) und St. Stephan Mainz (01.04.1957 bis 31.03.1059). Wie hoch sein seelsorglicher Einsatz bereits nach zwei Jahren Dienst geschätzt war, wurde in dem Dankesschreiben im Pfarrbrief der Gemeinde St. Ludwig am 3. Fastensonntag 1957 deutlich, das wortgleich auch in der lokalen Zeitung erschien:

> *„Kaplansversetzung: Im Zuge der großen Versetzungen, die alle 2 Jahre stattfinden, verläßt H. Herr Kaplan Krimm unsere Pfarrei, um in Mainz, St. Stephan weiterzuwirken. Eine Sonderaufgabe erwartet ihn: Religionsunterricht an der Marienschule, dem Bischöfl. Gymnasium in Mainz, und die seelsorgliche Betreuung der Buben dort. - Darin liegt die Bestätigung und Anerkennung der Erfolge, die H. Kaplan Krimm bei seiner Jugendarbeit in St. Ludwig hatte. Gelang es ihm doch, die Zahl der männlichen Jugend in unserer Pfarrei stark zu vermehren und ‚seine Buben‘ für jugendliche Gemeinschaft, saubere innere Gesinnung und Religion zu begeistern. Ungern sehen ihn deshalb viele Eltern scheiden. So wird es auch den Mitgliedern des KKV ‚Constantia‘ und insbesondere des Jung-KKV gehen, denen er trotz seiner Jugend ein kluger und eifriger Berater war.*

Die ganze Pfarrei dankt H. Kaplan Krimm heute, der in der Schule, in der Kranken- und Krankenhausseelsorge, der Marianischen Kongregation, im Beichtstuhl und nicht zuletzt auf der Kanzel all seine Kraft und seine Fähigkeiten eingesetzt hat. Wir wünschen ihm in seinem neuen Amt und seinem weiteren priesterlichen Wirken viel Erfolg und Gottes Segen!"

Ein neuer Bus für die Pfadfinder in Darmstadt.

Auf der zweiten Kaplanstelle war er in der allgemeinen Pfarrseelsorge und besonders im Bereich der Kinder- und Jugendarbeit eingesetzt. Nachdem er in Darmstadt bereits für die Begleitung der weiblichen Jugend verantwortlich war, wurde er nun in Mainz Kurat der Pfadfinderinnen.

In dieser Verantwortlichkeit hielt er für alle, die in der Pfarrei St. Stephan in irgendeiner Weise mit Kinder- und Jugendarbeit zu tun hatten – Pfadfinderinnen, MC-GCL, Schönstattjugend, Pfarrjugend – vierzehntäglich eine Schulung. Eine der Teilnehmerinnen berichtet:

„Nach einem Impuls regte er zum Austausch an, ließ uns erzählen von unseren Erfahrungen, gab Antwort auf Fragen, beseitigte Missverständnisse. Mit dieser Art der Führungsschulung weckte er in uns nicht nur Mitverantwortung für die damalige kirchliche Aufbauarbeit, sondern förderte auch die gegenseitige Wertschätzung und bei aller Unterschiedlichkeit der teilnehmenden Gruppierungen ein respektvolles Miteinander."

Freizeit mit Kindergruppen der Gemeinde St. Stephan Mainz im Jägerhaus bei Bingen 1962.

In dem Dekret, dass Werner Krimm zum 1. April 1957 die Kaplanstelle in St. Stephan Mainz antreten sollte, gab es zugleich – in der Sprachweise, in der zur damaligen Zeit Aufgaben übertragen wurden – folgende Anweisung:

„Sie werden angewiesen, neben der Kaplanei den Religionsunterricht und den Schulgottesdienst am Bischöflichen Gymnasium St. Marienschule in Mainz voll zu übernehmen. Zu Ihrem Aufgabenbereich gehört die seelsorgliche Betreuung der Schüler dieser Anstalt."

Das war neben der Pfarrseelsorge der Beginn seiner langjährigen Tätigkeit als Religionslehrer und Schulseelsorger. Über viele Jahre hinweg, auch nachdem er ganz in die Marienschule, das spätere Willigis-Gymnasium, gewechselt war, stand er als Beichtvater in der Kirche St. Stephan in Mainz zur Verfügung. In einer Zeit, in der die Geistliche Begleitung im heutigen Sinn noch wenig üblich war, praktizierte er eine solche Begleitung im Beichtstuhl. Nach und nach verlagerte er dann diese Beichtgespräche in seine Privaträume.

Weitere Prüfungen

In den ersten Jahren seiner Kaplantätigkeit mussten jährlich sogenannte Approbantenexamen abgelegt werden. Sie enthielten jeweils eine schriftliche und mündliche Prüfung sowie die schriftliche Ausarbeitung jeweils einer Predigt und einer Katechese. Auf diese Prüfungen, die Werner Krimm immer mit den Noten zwischen „eins“ und „zwei“ abschloss, wurde eine Approbationsurkunde vergeben, die für ein Jahr Gültigkeit hatte.

In den Jahren 1963 bis 1965 erfolgten jährliche Pfarrexamen, die wiederum schriftliche und mündliche Prüfungen einschlossen. Sie bezogen sich auch auf bereits an der Universität abgeprüfte Fächer wie Dogmatik oder Exegese des Alten und Neuen Testaments. Ebenso mussten wiederum gehaltene Predigten und Katechesen eingereicht werden.

Eine Promotion?

Im Frühjahr 1960 erreichte Werner Krimm ein Brief mit dem Datum vom 3. Februar, geschrieben vom damaligen Generalrektor seiner Priestergemeinschaft, Prälat Joseph Schmitz. Zu seiner Überraschung konnte er lesen:

„Lieber Werner!

Im Ausklang des Festes Maria Lichtmeß möchte ich Ihnen einen Gedanken unterbreiten, der mich nicht erst jetzt, aber besonders stark in den letzten Tagen bewegt. Ob er als ein lumen, als ein Lichtmeß-Blick anzusehen ist? Wie wäre es, wenn Sie sich noch daran machten, einige Jahre dem Studium sich hinzugeben, um dann später eine entsprechende Aufgabe evtl. als Dozent zu übernehmen? Mir scheint, Sie hätten wohl die Voraussetzungen dafür und es würde Ihnen auch etwa die Dogmatik oder ein anderes systematisches Fach, evtl. Moral oder Aszetik, liegen. In Ihrem Alter ist das jetzt noch mit Erfolg möglich. Ich würde es dann für richtig halten, wenn Sie dieses Studium in Rom machen würden. In 3 bis 4 Jahren läßt sich schon allerlei fertig bringen.

Vielleicht kommt Ihnen dieser Gedanke überraschend. Aber überlegen Sie es einmal im Gebete. Wäre es dann nicht möglich, mit dem H. H. Weihbischof [Joseph Maria Reuss], Ihrem Regens, der immer für Ihre Entwicklung so viel Verstehen gezeigt hat, die Frage zu besprechen?“

Dieser umschreibende Vorschlag, eine Promotion in Angriff zu nehmen, lag im Blick auf die intellektuellen Fähigkeiten Werner Krimms auf der Hand. Inwiefern er in der Folgezeit tatsächlich mit Weihbischof Reuss, der zugleich Professor für Pastoraltheologie am Bischöflichen Priesterseminar war, gesprochen hat, ist unbekannt.

Dass vielleicht Werner Krimm selbst mit dieser Frage befasst war, könnte an einem Umstand abgelesen werden. Er hatte sich für das Sommersemester 1959 für einen Hebräisch-Kurs bei Dr. Josef Dey an der Universität Mainz eingeschrieben und einen Hörerschein dafür erhalten. Werner Krimm sprach jedenfalls in späterer Zeit nie über ein solches Promotionsvorhaben.

Religionslehrer und Schulseelsorger

Früherer Haupteingang des Bischöflichen Willigis-Gymnasiums Mainz.

Werner Krimm verbrachte fast 30 Jahre seiner beruflichen und seelsorglichen Tätigkeit in der Schule. Das Erstaunliche war, wie er durch die Arbeit mit den jungen Menschen selbst in einer Weise jung blieb, dass es kaum Stimmen gab, die ihn aus diesem Arbeitsbereich verabschieden wollten. Dass ein fast 60-Jähriger seine gesamten Sommerferien in einem Zelt lebte, passte irgendwie zum Menschen Werner Krimm.

Um seine Einstellung zu beschreiben, mag man sich folgendes Bild vergegenwärtigen: Er wohnte während der sechs Wochen sommerlicher Zeltlager in einem etwas abseits vom Lagerplatz aufgeschlagenen Zelt, schlief auf einem Feldbett und hatte verschiedene Koffer unter diesem Bett stehen. Da war einmal der Messkoffer. Als Küster des Zeltlagers diesen Koffer zur Vorbereitung der Eucharistiefeier bei ihm täglich abzuholen, war eine Ehre und war stets mit einem Gespräch verbunden. Da stand weiter der Erste-Hilfe-Koffer. Jeder, der sich ein kleines oder größeres Wehwehchen zugezogen hatte, ging zu „Papa Krimm". Der verarztete einen, und man erzählte über das Lagerleben und die Befindlichkeit. Besonders bei den jüngeren Zeltlagerteilnehmern war das eine gute Gelegenheit, über Stress im Zelt oder über Heimweh zu klagen und sich Hilfe zur Selbsthilfe zu holen.

Seelsorge, Sorge für den Leib und Sorge für das Wohlbefinden der ihm Anvertrauten lagen ganz nahe beieinander. Und diese Erfahrung war so intensiv, dass keiner darüber nachdachte, dass dieser Mann für viele der Großvater hätte sein können.

Er selbst ging auf die Bistumsleitung zu, um dann nach den Sommerferien 1987 die Stelle als Ordensreferent des Bistums zu übernehmen. Gefragt, wie er so lange in Schule und Jugendarbeit aushalten konnte, lachte er und meinte, das gehöre zu seiner persönlichen Berufung und entspreche genau seinem pädagogischen Interesse.

Sein Konzept von Jugendarbeit

Werner Krimm wurde immer wieder aufgefordert, sein Konzept von Jugendarbeit und Schulseelsorge vorzustellen. Bei Konferenzen für Jugend- und Schülerseelsorge kam er dieser Aufforderung wiederholt nach.

Im Blick auf seine spezielle Zielgruppe, die Schüler eines bischöflichen Gymnasiums, stellte er 1984 in einem Referat seinen Ansatz vor. Er geht dabei von der grundsätzlichen Schwierigkeit aus, religiöses Leben in Gemeinschaften, auch in die Gemeinschaft einer Schule, hineinzutragen. *„Die Übermacht des*

Ereignishaften erdrückt jeden religiösen Ansatz." Er meinte damit, dass die alltäglichen Aufgaben und die Überfülle an Erfahrungen keinen Raum lassen, die religiöse Dimension des Lebens zum Zug kommen zu lassen.

„Ich habe es zuerst versucht über rein theologische und philosophische Überlegungen." Er bekannte freimütig, dass dieser Weg der kognitiven Vermittlung zwar nicht umsonst oder überflüssig war, doch nicht im Leben der Jugendlichen und Schüler ankam. Seine Begründung: *„Leben entzündet sich nur am Leben und nicht an Theorien!"* Der Glaube müsste gleichsam von Herz zu Herz weitergegeben werden, wenn er das Leben der Menschen erreichen sollte.

Entscheidungspastoral

Eine weitere Schwierigkeit sah er darin, dass die Entscheidung für den Glauben eine eigene Qualität besitzt: *„Glauben heißt sich zu entscheiden und aus der Entschiedenheit zu leben."* Und diese bewusste Entscheidung musste seiner Erfahrung nach eine Form finden. Dafür verwies er auf biblische Beispielerzählungen, etwa die Frage Jesu nach der sogenannten Brot-Rede an die Zwölf: „Wollt auch ihr gehen?" (Joh 6,67), oder die Aussage beim Auftrag zur Mission: „Wer glaubt und sich taufen lässt ..." (Mk 16,16), oder die Entscheidung des äthiopischen Kämmerers, sich taufen zu lassen (Apg 8,26-40).

Die Frage war für Werner Krimm: *„Wie dazu hinführen?"* Er sah in der Erneuerung des Taufversprechens, das seinerzeit die Eltern der Kinder abgegeben hatten, eine Chance, sowohl pädagogisch wie spirituell. Seiner Erfahrung nach gab es in den Verbänden am Willigis-Gymnasium wichtige Formen einer bewussten Entscheidung für den Glauben: die Weihe an Maria der MC-GCL, das Versprechen der KSJ-ND und das „Liebesbündnis" der Schönstattjugend. In der Tradition der MC, die Werner Krimm ebenso wie den ND im Jahr 1960 am Willigis-Gymnasium gegründet hatte, tätigten die Schüler in der Unter- und Mittelstufe gruppenweise eine allgemeine Weihe an Maria und in der Studienstufe die sogenannte Sodalenweihe.

Logos der Jugendgemeinschaften.

Da die Schönstatt-Bewegung 1914 aus einer MC-Kongregation im Studienheim des Gymnasiums der Pallottiner in Vallendar erwachsen war, war Werner Krimm diese Form der Marienweihe bestens vertraut. Durch seine eigenen Erfahrungen, den Glauben in der Haltung Marias zu leben, war er nicht auf theoretische Erörterungen darüber angewiesen, sondern konnte vom Leben her sprechen.

Eine ähnliche Erfahrung konnte Werner Krimm mit dem ND des Gymnasiums machen. In den 1970er Jahren wurden die Versprechensfeiern, wie sie sich in der Tradition des ND fanden, wieder aufgenommen. Das Versprechen war an Jesus Christus gerichtet und verstand sich als eine neue Entscheidung aus dem Glauben. Der Gedanke des Christusbundes, der auch einen Bund untereinander einschließt, war ein Bestandteil des „Hirschbergprogramms“ des ND.

Als dritte Gemeinschaft hatte Werner Krimm aufgrund seiner intensiven außerschulischen Jugendarbeit bei der SMJ (SchönstattMannesJugend) diese Gruppierung am Willigis-Gymnasium gegründet. In der SMJ liegt das Element einer bewussten Entscheidung ebenfalls in der Weihe an Maria, in Schönstatt „Liebesbündnis“ genannt.

Den Zusammenklang der drei Jugendgemeinschaften fasst Werner Krimm so zusammen: *„Für die MC ist die SMJ Anregung gewesen. Der ND wurde durch die MC angeregt. Dieses Sich-Entscheiden war und ist eine große Hilfe.“*

Ein früherer Schüler aus der SMJ weist auf einen anderen Grund für die Vielfalt der Jugendgruppierungen hin:

> *„Es entstand die erste Schönstatt-Jungmänner-Gruppe der Diözese Mainz am Willigis-Gymnasium, der noch viele folgen sollten. Als Erwachsener fragte ich ihn einmal, warum er sich als Schönstattpriester am Willigis-Gymnasium auch so um die MC-GCL und die ND-KSJ gekümmert habe. Er sagte schelmenhaft: ‚Konkurrenz belebt das Geschäft‘.*
>
> *Dies betraf auch das Verhältnis zu der Speyerer Schönstattjugend, mit denen die Mainzer in einem ständigen ‚Wettstreit‘ lagen. Pfarrer Krimm teilte mir bei einem unserer Gespräche einmal mit, dass das Erste, was er machen würde, wenn er irgendwo eine Schönstattgruppe etablieren wolle, dass er zugleich eine andere Gruppe eröffnen würde, damit sich beide gegenseitig in ihrem Wirken positiv befruchten könnten.“*

Praktische Konsequenzen

Werner Krimm leitete aus seinen Erfahrungen und Erkenntnissen praktische Konsequenzen dafür ab, wie Jugendarbeit geschehen müsse. In seinem Konzept von 1984 betonte er drei Konsequenzen.

Eine erste nannte er *„Arbeit durch Zweitursachen – personales Angebot“*. Er meinte damit, dass Gott als die „Erstursache“ allen Geschehens sich der Menschen, Dinge und Ereignisse („Zweitursachen“) bedient, um seinen heilvollen Weg mit den Menschen zu gehen. Für seine konkrete seelsorgliche Arbeit bedeutete das: Er selbst wollte sich als Person zur Verfügung stellen – im Sinne eines personellen Angebots, wie es die Würzburger Synode in ihrem 1975 verabschiedeten Dokument zur Jugendarbeit beschrieben hatte. Das wiederum hieß noch konkreter: eine wöchentliche Gruppenleiterrunde für alle Gemeinschaften an der Schule, besonderes Bemühen um die einzelnen Gruppenleiter, Kontakte zu den Diözesanverbänden der Jugendgemeinschaften.

Als junger Priester.

Eine zweite Konsequenz ergab sich daraus: *„Arbeit durch Kontakte – echte Beziehungen“*. Vertrauen kann nur durch Vertrauen geweckt werden, und das geschieht durch menschliches Zusammensein, durch gemeinsame Erfahrungen, auch und besonders durch gemeinsame Erfahrungen im Glauben. In seinem Manuskript schrieb Werner Krimm *„Leben teilen“* mit Ausrufungszeichen. Als Beispiel aus der Kirchengeschichte nannte er die Residenzpflicht der Priester, die Karl Borromäus als Reform in der Ausübung des priesterlichen Dienstes nach dem Tridentinischen Konzil einführte. Dieser weitgespannte kirchengeschichtliche Bogen sollte andeuten, dass hier eine grundsätzliche Änderung im Selbstverständnis des Priesters zum Tragen kommt: das Leben des Priesters nahe bei den Menschen im Unterschied zur Ehrfurcht vor „Hochwürden“.

In seiner Ausbildung Anfang der 1950er Jahre hatte er anderes gehört. Besonders im Blick auf die Anforderungen des Zölibats heißt es in einem Vorlesungsskript (ohne Autorenangabe), das Werner Krimm aufbewahrt hatte, der Priester müsse zuerst und vor allem den Menschen fern sein: „Durch die Priesterweihe wird der Priester ‚herausgenommen aus den Menschen‘ (Hebr 5). Er scheidet freiwillig aus dem biologischen Lebensstrom aus. Er nimmt eine freiwillige Einsamkeit auf sich. Seine Berufung bedeutet eine Beschlagnahmung für Gott: ‚Du hast mich erfaßt, o Gott, und überwältigt.‘ (Jer 20.7)“ In einem Zitat von Peter Lippert heißt es, so das Skript: „Euer Los soll im tiefsten Grunde ewige Einsamkeit sein, weil ihr vielen Menschen dienen wollt, dürft ihr nicht selbst euch an Menschen klammern. Weil ihr andere tragen wollt, dürft ihr nicht selbst von einem Menschen getragen werden wollen, dürft ihr euch an keinen von denen anlehnen, die ihr stützen wollt. Nur an Gott könnt ihr euch anlehnen.“ Und was den äußeren Kontakt angeht, heißt es weiter in dem Manuskript: „Für die äußere Haltung gelte unerbittlich der Grundsatz ‚Nie mehr als die Hand‘. Und zwar für jede Altersstufe, auch gegenüber Kindern.“

Werner Krimm übernahm aus diesen und ähnlichen Ausführungen den Grundsatz „Nie mehr als die Hand!“ Doch ansonsten galt für ihn der Grundsatz *„Das Leben teilen“*. Und dieses Teilen drückte sich in einer spürbaren Wertschätzung aus. So hatte er ein Begrüßungsritual, das zugleich humoristisch und ernst war. Viele berichten, dass er sie öfter mit einem zuerst ernsten und dann lachenden Gesicht begrüßt habe mit den Worten: „Edler Klaus!“ oder „Edler Thomas!“ Man spürte förmlich den Humor des Sprechers, doch zugleich echte, menschliche Zuwendung und Nähe.

Immer zu einem Spaß aufgelegt.

Eine dritte Konsequenz aus seinen Überlegungen zur Jugendpastoral war die *„Arbeit durch Bewegung“: „Gott spricht durch die Zeit! Alles, was die Zeit uns nahebringt, aufgreifen, durchsichtig machen. Aus dem Zeitgeist den Geist der Zeit herausbringen. Dann ins Gespräch kommen. Darum ist Hilfe und Orientierung wichtig.“* Werner Krimm übernahm von Pater Kentenich die Begrifflichkeit vom negativen „Zeitgeist“

und dem positiven „Geist der Zeit". Die Zeichen der Zeit gelte es aufzunehmen und durchsichtig zu machen auf das, was den Menschen in Sackgassen führt (Zeitgeist), und auf das, wodurch Gott seine Wünsche kundtut und anzeigt, was seine Wege mit den Menschen in die Zukunft sind (Geist der Zeit). Es bedarf der „Unterscheidung der Geister", wie es Ignatius ausdrückt.

An zwei Beispielen konkretisierte Werner Krimm das Gemeinte: an der Sorge für die Umwelt und für den Frieden. Durch die Bewegung, die in der Gesellschaft als Sorge für die Umwelt und zur Bewahrung der Schöpfung aufgebrochen ist, wolle Gott aufmerksam machen, dass die Menschen Ehrfurcht vor der Natur, seiner Schöpfung entwickeln sollen, statt sie zu zerstören. Die Friedensbewegung leite uns an, tiefer zu schauen und zu begreifen, dass Frieden letztlich nicht machbar, sondern ein Geschenk Gottes ist. Jesus Christus sei unser Friede (Eph 2,14). Kirchliche Jugendarbeit solle darum eine „Hinführung zum Frieden mit Gott, untereinander und unter den Völkern" sein.

Menschenfreundliche Schulkultur

Für das „Neue Jahrbuch für das Bistum Mainz 1986" hatte Werner Krimm in einem Artikel „Schulseelsorge an einer Schule in kirchlicher Trägerschaft" verfasst. Ein Jahr vor seinem Ausscheiden aus dem Dienst an der Schule fasste er seine bisherigen Gedanken zur Schulseelsorge noch einmal zusammen und ergänzte sie.

Werner Krimm sah sich in einer langen Tradition der Schulseelsorge, die nach dem Krieg zunächst neben dem schulischen Religionsunterricht aus verbandlicher Jugendarbeit, Einkehrtagen, Exerzitien, religiösen Schülerwochen und Gottesdiensten bestand. Wenn Bischof Lehmann in seiner Ansprache im Requiem davon sprach, dass Werner Krimm mit zu den „Gründern der Schüler- und Schulseelsorge" gehöre, so meinte er damit besonders den Aufbruch nach dem Zweiten Weltkrieg, den Werner Krimm ab 1959 im Willigis-Gymnasium konsequent voranbrachte.

In dem genannten Artikel verweist Werner Krimm zunächst auf einen Beitrag von Hans Julius Schneider in den Katechetischen Blättern (10/1985): Nach langjährigen Diskussionen über bildungspolitische und curriculums-theoretische Themen sei in den 1980er Jahren eine Neubesinnung auf die erzieherische Funktion und Aufgabe der Schule festzustellen. Und hierzu könne die Schulseelsorge Wichtiges oder gar Unverzichtbares beitragen. Eine entscheidende Voraussetzung für den Glaubensdienst an der Schule sei eine „menschenfreundliche Schulkultur". Die Aufgabe, eine solche Kultur der gegenseitigen Wertschätzung und des Interesses unter den Schülern, zwischen Lehrern und Schülern und unter den Lehrern zu schaffen, war Werner Krimm sozusagen auf den Leib zugeschnitten.

Der Beitrag der Schulseelsorge sei zunächst die Bereitung eines *„geistlichen Raumes"*. Die Fragen, die sich Werner Krimm seit seinem Dienstantritt in der Schule immer wieder stellte:

„Könnte aber nicht das Schulgebet zu einem kleinen Erfahrungsfeld von Glauben werden? Doch wenn ein Kind sonst nicht betet, wird es dann wohl in der Schule beten können? Ähnliches gilt vom Gottesdienst in seinen verschiedenen Formen. Wenn das Wort von der Liturgieunfähigkeit vieler unserer Kinder und Jugendlichen zutrifft, weil die ‚Praeambula fidei', das heißt die Voraussetzungen für den Glauben fehlen, dann wird es eine schier unlösbare Aufgabe sein, zur Mitfeier des Gottesdienstes zu befähigen. Was ist zu tun, dass ein ‚geistlicher Raum", ein ‚religiöses Milieu' entsteht, in dem unsere Schüler in das christliche Leben eingeführt werden können?"

Was eine menschenfreundliche Kultur meint, beschreibt zum Beispiel ein ehemaliger Schüler und Mitglied der MC, heute Pastoralreferent:

„Nachdem ich als Schüler 1970 Pfr. Krimm als Schulpfarrer kennen und schätzen gelernt hatte, hatte er offenbar 1971 bei einem Elternnachmittag auch meine Eltern beeindruckt. Sie meldeten mich nämlich an für das Zeltlager der GCL-MC.

Zwei meiner Freunde aus meinem Heimatort wurden von deren Eltern auch angemeldet. Wir drei waren bei den Messdienern unseres Heimatortes und wären von uns aus gar nicht auf die Idee gekommen, auch noch bei der MC, wie sie damals meist noch genannt wurde, mitzufahren. Zum Glück haben wir drei als Neulinge dann teilgenommen, und uns hat das Zeltlager auch sehr gut gefallen.

Leider hatten wir drei aber immer wieder einmal ein Gruppenmitglied in diesem Zeltlager geärgert, und unser Gruppenleiter, den ich auch sehr geschätzt habe, hatte nicht mehr recht weitergewusst und uns drei zum Gespräch bei Pfarrer Krimm einbestellt. Wir drei hatten dann doch ordentlich die Hosen voll und erwarteten mindestens eine sehr heftige Strafpredigt, wenn nicht Schlimmeres, bis dahin, dass wir nach Hause geschickt würden. Aber es kam ganz anders. Zwar sagte uns Pfarrer Krimm in aller Klarheit und Deutlichkeit, dass unser Verhalten nicht in Ordnung sei, aber die Art und Weise, wie er mit uns sprach und uns nicht verurteilte, sondern ernst nahm, an unsere Verantwortung appellierte und wir gemeinsam eine gute Lösung fanden, das hat mich damals und bis heute sehr beeindruckt.“

Ein langjähriger pastoraler Mitarbeiter im Willigis-Gymnasium berichtet:

„In den etwa 40 Zeltlagern, die ich mit Werner gehalten habe, hat keiner der Jungs den beliebten stand-up-contest gewonnen: Wer schafft es, ‚hinter dem Krimm‘ in die Schlange zu kommen, um beim Essen anzustehen? Sobald Werner jemanden sah, der sich mit sauberem Geschirr hinter ihm anstellen wollte, schickte er ihn hartnäckig nach vorn.

Eine andere Sache, die die Zeltlagerteilnehmer sehr beeindruckte: Wir konnten ihn nicht bewegen, sein Feldbett (grüner Zeltstoff auf Holzgestänge) gegen eine komfortablere Luftmatratze oder ein bequemeres Faltbett zu tauschen. ‚Da geht mir nie die Luft aus, es riecht nicht nach Plastik und ist bequem genug!‘, meinte er.

Und noch eins: Er hat das Zeltlager außer zu ganz wichtigen Anlässen wie einer Trauung, einem Priesterjubiläum oder einer Beerdigung Nahestehender nie verlassen."

Sogar den Jugendlichen fiel manchmal das Arbeitspensum von Werner Krimm auf. Ein Präfekt der MC fragte ihn eines Tages, wie lange er diesen Arbeitsrhythmus wohl aushalten könne, er brauche doch statt Zeltlager auch einmal Ferien. Eine seiner scherzhaften Antworten lautete: *„Die Batterie lädt sich im Fahren!"* Als dieser Präfekt ihn später als geistlichen Begleiter gewählt hatte und weiter „Dienstliches" mit Werner Krimm zu besprechen hatte, fragte er, wann er ihn wohl zwischendurch mal anrufen könne. Darauf habe er geantwortet: *„Am sichersten erreichst du mich, wenn du gegen 23 Uhr anrufst!"* Dann nämlich saß er am Schreibtisch, um Schulstunden und Vorträge vorzubereiten.

Verlässlichkeit

Das letzte Beispiel zeigt, dass zu einer menschenfreundlichen Seelsorge für Werner Krimm wesentlich die Verlässlichkeit in allen Situationen hinzugehörte. Er nannte das Kontinuität. Sein Spruch dazu war immer wieder: *„Entschuldigen tut nur der persönliche Tod."* Nach dieser Aussage folgte in der Regel ein helles Auflachen, das die Umstehenden ansteckte. Man spürte, dass er mit diesem Lachen die Last eines solchen Grundsatzes von den Schultern der anderen nehmen wollte. Doch jeder wusste zugleich, wie ernst er selbst diesen Satz nahm. Das bezeugt auch die Aussage eines seiner Schüler:

„Als ich mich bei der Begräbnisfeier im Mainzer Dom umgesehen habe und die vielen Menschen sah, die fast alle ein persönliches Verhältnis zu ihm gehabt hatten, fragte ich mich, wie er dies nur geschafft hatte. Ich kann mich nicht daran erinnern, dass Pfarrer Krimm bei irgendeiner Tagung, Werkwoche in Dachau, Cambrai etc., bei Exerzitien oder bei einem Zeltlager gefehlt hätte. Diese Erfahrung

habe ich im Übrigen auch später in der Arbeit bei den Familien gemacht. Er stand stets für alles, was geplant wurde, fraglos und unentgeltlich als Referent und Begleiter zur Verfügung. D.h. er hat uns in unseren schwierigen Lebenssituationen ständig begleitet. Er war sich nicht zu schade, sein Leben mit uns Jungen zu teilen. Er gab uns das Gefühl, nur für die Jugendlichen da zu sein. Im Rückblick muss ich sagen, welch ein Irrtum, wenn man bedenkt, bei wie vielen er seelsorgerisch tätig war."

Vertrauen weckt Vertrauen

„Leben entzündet sich am Leben" und *„Vertrauen wächst aus Vertrauen"*. Diese Sätze verwendete Werner Krimm nicht nur gerne in seinen Vorträgen und Predigten, sondern setzte sie für alle erkennbar in seinem Verhalten um.

Eine der für Jugendliche sehr beeindruckenden Gesten war, dass er jedem, der seinen Führerschein bestanden hatte, sein Auto auslieh. Dabei besorgte er sich aufgrund seiner vielen Fahrten – es waren oft mehr als 30.000 Kilometer im Jahr – alle zwei Jahre einen neuen Wagen. *„Das Auto ist nur ein Gebrauchsgegenstand!"* oder *„Die Materie muss dienen!"* waren seine Kommentare, wenn er sein Auto auslieh. Die jungen Fahrer spürten sein Vertrauen in ihr Können und schenkten ihm ihr Vertrauen in persönlichen Fragen zurück. Wenn er mit Jugendlichen oder Erwachsenen in seinem Auto unterwegs war, setzte er sich gerne auf den Beifahrersitz. Ein heutiger pastoraler Mitarbeiter berichtet:

„Ich hatte mit dem kurz zuvor bestandenen Führerschein gerade das Auto meiner Mutter zu Schrott gefahren. Das hatte ich bei Gelegenheit berichtet. So wusste auch Pfarrer Krimm davon. Dann sollte ich etwas mit einem Auto besorgen, und er hielt mir seinen Autoschlüssel entgegen. Ich fragte ihn völlig überrascht: ‚Meinen Sie das jetzt ernst?' Er lachte nur und übergab mir den Schlüssel."

Und ein anderer schildert:

> *„Ich hatte gerade meinen Führerschein gemacht, und wir sind zusammen zu einer Tagung gefahren. Ich sollte fahren. Dann musste ich auf einer Straße wenden und schaffte es, das Auto vor den einzigen Baum weit und breit zu fahren. Gott sei Dank ist an dem Käfer nicht viel passiert. Und Pfarrer Krimm? Er saß daneben, schaute zu und meinte, ich solle weiterfahren.*
>
> *Mir fallen noch mehr derartige Szenen ein. Was ist meine Deutung? Der Mann muss ein unglaubliches Gott- und Menschenvertrauen gehabt haben und war offenbar überzeugt, dass Gott auch auf krummen Wegen gerade schreiben kann und dass selbst jemand wie ich mit seinen Dummheiten noch zu etwas nutze ist.“*

Wer Vertrauen hat, wagt sich etwas. Ein früherer Schüler berichtet:

> *„Eine kleine Mittagspause war bei dem Arbeitsrhythmus notwendig, aber auch die ließ er stören, wenn es um seine Jungen ging. Einmal wollte ein Führungskreis mittags zu ihm, ich weiß nicht mehr den Grund. Beim Läuten an der Haustür meldete sich über die Sprechanlage die Haushälterin und Sekretärin: Nein, er sei jetzt nicht zu erreichen. Sie ließ sich, natürlich mit Recht, nicht erweichen. Aber die schlauen Jungens ließen sich nicht so leicht abweisen. Sie gingen an die Telefonzelle um die Ecke und riefen seine Nummer an, und er selbst meldete sich. ‚Ja, ob wir nicht mal schnell vorbeikommen könnten?‘ Die Antwort war wie erwartet: ‚Selbstverständlich!‘ Die Sekretärin war natürlich überrascht, als es erneut läutete, und kräftig verärgert, als es hieß: „Herr Krimm erwartet uns!“‘*

Von einem Vertrauensbeweis besonderer Art berichtet ein heutiger Pfarrer. Er schrieb bei Werner Krimm in der 12. Klasse eine Kursarbeit. Im Eifer des Gefechtes steckte er sein Manuskript, statt es abzugeben, aus Versehen mit den anderen Sachen in seine Tasche. Als er in der Folgestunde im Biologiesaal sein Heft herausholte, bemerkte er seinen Irrtum und rannte ängstlich zur Wohnung seines Religionslehrers:

> *„‚Herr Pfarrer Krimm, mir ist etwas Schlimmes passiert. Ich habe die Religionsarbeit aus Versehen eingesteckt.' Ich öffnete meinen Ranzen und hielt ihm die Kursarbeit entgegen. ‚Was soll ich jetzt machen?' Ich war eigentlich auf alles gefasst. Wie würde Pfarrer Krimm jetzt reagieren? Er nahm die Arbeit und schaute flüchtig darüber. Dann schaute er mich ernst an und sagte: ‚Hast du auch nichts daran geändert?' Ich verneinte. Noch einmal schaute er mich an und sagte: ‚Ich glaube dir. Es ist alles gut.' Ich konnte mich nur herzlich bedanken und bin, von einer Zentnerlast befreit, wieder in die Schule zurückgelaufen, nicht gerannt."*

Das Vertrauen, das Werner Krimm den Jugendlichen entgegenbrachte, weckte ein Vertrauen in ihn, das auch über die Schulzeit hinaus anhielt. Das zeigte sich zum Beispiel bei einem früheren Schüler, der heiraten „musste", weil seine Freundin schwanger geworden war. Wie in den 1970er Jahren noch öfter üblich, wollten die beiden heiraten. Die Eltern des jungen Mannes waren so erzürnt, dass sie sich weigerten, zur Hochzeit zu kommen. In seiner Not ging der werdende Vater zu Werner Krimm, um ihm seine Not zu klagen. Werner Krimm besuchte daraufhin mehrfach dessen Eltern, um ihnen klar zu machen, dass es zuerst um den Menschen gehe und dann erst um das Gesetz. Schließlich kam es zur kirchlichen Trauung, die das Brautpaar mit Werner Krimm in Anwesenheit der Eltern feiern konnte.

Geistliche Mitte

Für Werner Krimm war der Konzilstext zur Liturgie ein Auftrag: Die Eucharistie sei Höhepunkt und Mitte des Lebens einer Gemeinde. So war für ihn die Schulkapelle mit dem Altar die geistliche Mitte der Schule, wie er in einem Artikel schrieb. *„Es war für uns eine große Freude, als sie 1960 fertiggestellt und benediziert wurde unter dem Titel der Unbefleckten Empfängnis. Von hier baut sich die innerste Gemeinschaft der Schule auf, denn die Christen sollen ‚durch Christus, den Mittler, von Tag zu Tag zur immer volleren Einheit mit Gott und untereinander gelangen, damit schließlich Gott alles in allem sei'. (Liturgiekonstitution 48)"*

So fanden täglich während der Schulzeit, in der Regel während der ersten Schulstunde, Eucharistiefeiern in der Schulkapelle statt. Die Klassen waren im 14-tägigen Rhythmus zum Gottesdienst eingeladen, den Schülern der Studienstufe war wöchentlich dazu Gelegenheit geboten. Gottesdienste der Jugendgruppen fanden vor dem Unterrichtsbeginn oder am Abend statt.

Die Gottesdienstgestaltung wurde gemäß einem vierteljährlichen Plan von einzelnen Klassen übernommen und möglichst im Religionsunterricht vorbereitet. *„Wenn auch die Beteiligung der Schüler an der Mitfeier der hl. Messe in den höheren Klassen abnimmt, so ist die Prägung der Schule durch diese ‚geistliche Mitte' unverkennbar."*

Große Gottesdienste zum Schuljahresbeginn, am 8. Dezember und am 23. Februar, dem Fest des hl. Willigis, fanden im Dom statt. Gottesdienste zum Abschluss des Schuljahres wurden als ökumenische Gottesdienste abwechselnd im Dom oder der evangelischen Johanniskirche gestaltet. *„So große Gottesdienste können nur dann Atmosphäre haben, wenn in kleineren Gruppen eine Hinführung geschehen ist."*

Das Prinzip der geistlichen Mitte galt für ihn auch für die Gestaltung der Zeltlager. Zunächst hatte man in den Zeltlagern jeweils eine Nacht der Anbetung eingeführt. Später wurde ein eigenes Zelt für die Besinnung und stille Zeiten der Einzelnen und für Gruppengottesdienste eingerichtet.

Gottesdienst im Zeltlager.

Wie eng diese geistliche Mitte und die Menschenfreundlichkeit bei Werner Krimm beieinander lagen, zeigt die Erfahrung eines Schülers, der von seinen Eltern aus dem Ausland adoptiert und evangelisch erzogen worden war. Als Mitglied einer der Jugendgruppen nahm er am Zeltlager teil und fragte nach einem Gottesdienst in einem vertraulichen Gespräch, ob er nicht doch zur Kommunion gehen dürfe. Werner Krimm fragte ihn, was er denn im Blick auf die Eucharistie glaube. In dem folgenden Gespräch spürte er das Bedürfnis und die Sehnsucht des Jungen, in jener geistlichen Mitte dabei sein zu dürfen.

„Wenn du das so glaubst und du eine solche Sehnsucht hast, dann darfst du!“, war das Ergebnis. Werner Krimm propagierte seine Einstellung nicht öffentlich, sondern schaute diskret, wohin das Leben und der Glaube den Einzelnen führten.

Soziales Engagement

Soziales Engagement sollte nicht nur außerhalb der Schule stattfinden, sondern Bestandteil des Schüleralltags werden. Für Schüler, die durch familiäre, soziale oder erzieherische Probleme belastet und darum in ihren schulischen Leistungen in Verzug geraten waren, wurden eine „Aufgabenbetreuung“, d. h. Mittagstisch, Aufgabenunterstützung und Spielgelegenheiten eingerichtet.

Die Aktion „Schüler helfen Schüler“ hatte zum Ziel, leistungsschwächere Schüler aus den Klassen 5 bis 10 durch Schüler der Studienstufe zu unterstützen. Die Schulseelsorge übernahm die Vermittlung geeigneter Schüler der Studienstufe und sorgte für eine gute und sachgerechte Durchführung. So entstanden jährlich 30 bis 40 Lerngruppen, an denen fast 100 Schüler beteiligt waren. *„Leistungssteigerung und erlebbare Solidarität sind vielfach das Ergebnis der Arbeit.“* So Werner Krimm in einem Bericht.

Beliebt, aber auch kritisch betrachtet

Werner Krimm war sowohl als Religionslehrer wie auch als Schulseelsorger bei Schülern und Lehrerkollegen beliebt. Wenn Schüler beispielsweise in der Oberstufe einen Kurs im Fach Religion wählen konnten, wählten die meisten den Kurs, den Werner Krimm übernommen hatte. Das war nicht nur ein Kompliment an seine Menschlichkeit, sondern auch an die Art und Weise, wie er mit großer Kompetenz etwa Inhalte über Christologie oder über das Verständnis von Kirche vermittelte.

Doch waren nicht alle mit ihm einverstanden oder von ihm begeistert. Es gab eine gewisse Anzahl von Schülern, besonders in der Oberstufe, die ihn für „zu fromm“ hielten. Da auch genügend Schüler an diesem bischöflichen Gymnasium durchaus religions- und kirchenkritisch eingestellt waren, gab es auch Widerstand gegen seine Einstellung und seine Art der Schulseelsorge.

Ein Beispiel: Eine Familie hatte zwei Söhne im Willigis-Gymnasium, die beide in einem der Jugendverbände mitarbeiteten. Einer der Söhne kam mit dieser Art von Jugendarbeit bestens zurecht, nahm intensiv alle Anregungen auf und wählte nach dem Abitur einen pastoralen Beruf. Der andere Sohn dagegen fühlte sich genau durch das, was den Bruder ansprach und hoch motivierte, überfordert. Dass er mit seinem späteren Leben nur mühsam zurechtkam, führten die Eltern auf die menschliche und religiöse Überforderung zurück, die sie vor allem Werner Krimm anlasteten. Solche Schuldzuweisungen gingen natürlich an dem Schulseelsorger, der alles für seine Arbeit einsetzte, nicht spurlos vorbei.

Auch unter der Lehrerschaft standen ihm einige kritisch gegenüber, wenngleich praktisch alle menschlich mit ihm gut auskamen. Besonders geschätzt waren sein Humor und seine faire Art, an Themen und Probleme heranzugehen.

Engagement in der Priesterausbildung

Schon bald nach seinem Einstieg in die Schulseelsorge im Mainzer Willigis-Gymnasium kam er intensiver mit der Frage nach der Priesterausbildung in Berührung. In vielen Jahrgängen, besonders seit Mitte der 1960er Jahre nach dem Zweiten Vatikanischen Konzil, fanden sich unter seinen Schülern solche, die am Priesterberuf Interesse hatten und die er geistlich begleitete.

Eine Zusammenstellung derer, die als Willigis-Schüler während seiner Zeit am Gymnasium nicht zuletzt durch seine Begleitung einen geistlichen Beruf ergriffen hatten, zeigt folgendes Bild: Etwa 60 Schüler traten in ein Priesterseminar oder in einen Orden ein. Viele, die in ein Seminar eingetreten waren, jedoch wegen des Zölibats wieder austraten, aber weiter Theologie studierten, wurden Pastoralreferenten oder sonst als Laientheologen in verschiedenen Feldern tätig.

Die Situation im Jahr 1967

In jenen Jahren nach dem Konzil war die Art und Weise der Formation in den Priesterseminaren stark in die Krise gekommen. Werner Krimm hatte mit Pater Kentenich über die Situation und die Neuerungen im Mainzer Priesterseminar gesprochen. Pater Kentenich bat ihn um einen schriftlichen Bericht, den er an den Bischof von Münster als Hilfe weiterleiten wollte. Der Bericht bezog sich auf ein Gespräch, das während eines Religionslehrerkonveniats mit einem Mitarbeiter des Priesterseminars geführt wurde:

„Die Hauptprobleme der jungen Leute heute im Priesterseminar heißen: Gehorsam und Zölibat. Die Frage wird immer wieder gestellt: ‚Warum muss ich gehorchen?‘ Man ist bereit dem anderen zu helfen, man ist bereit die Partnerschaft [zwischen Hausleitung und Seminaristen] anzuerkennen, aber

das Verständnis für die Autorität ist fast ganz verschwunden. Beispiel: Ein Alumnus fragt: ‚Muss ich dem Pfarrer in einem konkreten Fall gehorchen, auch wenn ich es nicht einsehe und anderes für besser halte?‘ Der Fragesteller beantwortet seine eigene Frage mit: ‚Nein.‘ Er ist aber bereit zu gehorchen, wenn er für die Gemeinde einen Vorteil sieht.“

Zu dem zweiten drängenden Problem berichtet Werner Krimm aus dem Gespräch mit dem Assistenten des Seminars Folgendes:

„Die Tendenz geht darauf hinaus, den Zölibat zu sehen als eine charismatische Gabe, und Charisma und Amt seien zu trennen. Man dürfe die Priesterweihe nicht von einer charismatischen Gabe, sprich Zölibat, abhängig machen. Es ist bei den Alumnen nur sehr schwer möglich, den Sinn des Zölibats zu verdeutlichen.“

Hier wird der nicht mehr zu unterdrückende Drang nach Freiheit und authentischem Leben deutlich. Liest man diese Situationsbeschreibungen heute, über 50 Jahre danach, hat man den Eindruck, dass sich Lebensgefühl und Argumentationsweise kaum verändert haben.

Der damalige Regens des Mainzer Seminars, Weihbischof Dr. Josef Maria Reuß, der zugleich das Fach Pastoraltheologie vertrat, erkannte jenen Drang als Zeichen der Zeit, auf das er reagieren musste. So hatte man 1966 unter seiner Leitung eine neue Seminarordnung entworfen, „die den heutigen Verhältnissen mehr gerecht wird“, so der Kommentar von Werner Krimm. *„Man möchte eine große Freiheit einräumen, aber auch an notwendigen Bindungen festhalten.“*

Reuß hatte als Erster den Alumnen seines Seminars Hausschlüssel überlassen. Es gab keine abendliche Kontrolle mehr, ob um 22 Uhr die jungen Männer auf ihren Zimmern waren. Die verpflichtenden Veranstaltungen wurden neu geregelt, so etwa die täglichen Eucharistiefeiern, die abendlichen Treffen, die geistlichen Impulse („Punkte“) des Regens am Samstagabend, die monatliche Geisteserneuerung und das Gespräch mit einer Person der Hausleitung.

Werner Krimm selbst als Seminarist – 3.v.r.

„Diese Ordnung ist zunächst einmal vorläufig. Man möchte sie ausprobieren, um ein Maximum an Erziehung und Formung zu erreichen. Die Alumnen selbst empfinden die Notwendigkeit, sich untereinander zusammenzuschließen in Gruppen und Equipen, um sich gegenseitig Anregungen zu geben und um die Anstöße, die vom Seminar her kommen, zu vertiefen. Etwa die Hälfte der Alumnen haben sich solchen Equipen angeschlossen, die völlig freiwillig sind. Weihbischof Reuß drängt auf eine sehr intensive Geistpflege, die vor allen Dingen von der Meßfrömmigkeit her bestimmt ist.“

Der Effekt war offensichtlich, *„dass die Situation im Haus völlig umgestaltet und erzieherisch offen war, dass auch nichts mehr von Revolution oder Ablehnung wahrgenommen werden konnte und dass das Ungute aus den vorhergehenden Semestern fast gänzlich verschwunden“* war. Doch wurde zugleich betont, dass das Gelingen des Experimentes *„sehr stark an die jeweilige Hausleitung und die Hausoberen geknüpft sei, weil deren Einfühlungsvermögen und Kraft der Führung entscheidend sei“*.

Die Art und Weise, wie Werner Krimm die Situation des Mainzer Priesterseminars einschätzte, das er ja ein Jahrzehnt zuvor selbst ganz anders erlebt hatte, zeigte seine Sympathie für diese Neuerungen. Er zog Folgerungen aus dem Erkannten: Zum einen drängt sich die Nachwuchsfrage auf, zum anderen die nach einer Betreuung der jungen Priester, für die *„noch nicht sehr viel geschehen“* sei.

Vor allem sah er in der Neuordnung die erzieherische Herausforderung an die Verantwortlichen. Es war nicht damit getan, einfach dem Sturm und Drang der jüngeren Generation nachzugeben. Neue Strukturen mussten erzieherisch gestaltet werden. Und das traf genau den Gestaltungswillen von Werner Krimm. Er erkannte in den Neuerungen die Nähe zu dem von Pater Kentenich formulierten Grundsatz der geistlichen Führung: „Bindungen (Verpflichtungen) nur so viel wie nötig, Freiheit so viel wie möglich, Geistpflege aber so viel wie irgend möglich.“

Mit der Neuordnung des Priesterseminars waren jedoch bei weitem nicht alle Probleme gelöst. Wie es etwas später um die Stimmung im Haus und um die Verfassung der Seminarbewohner bestellt war, mag der Kurs der Erstsemester des Jahres 1968, jenes in die Geschichte eingegangenen Umbruchsjahres, verdeutlichen: 23 junge Männer waren ins Mainzer Priesterseminar eingetreten. Gleich am ersten Tag wurde ihnen von einem Kommilitonen vor dem neuen Speisesaal kirchenkritisches Material ausgeteilt. An den Tischen gab es lebhafte Gespräche über theologische und kirchenpolitische Themen. Die zum Teil erschrockenen Erstsemester erlebten heiße, teilweise „häretische“ Diskussionen etwa über die Gültigkeit der Realpräsenz oder über das Unfehlbarkeitsdogma. Von den 23 neu Eingetretenen wurden letztendlich vier zu Priestern geweiht, von denen allerdings zwei im Laufe der Jahre den priesterlichen Dienst wieder verließen.

Werner Krimm wohnte zu dieser Zeit bereits in der Domstraße, die eng an das Priesterseminar angrenzte. Schon zu dieser Zeit hatten ihn etliche Alumnen als Gesprächspartner gewählt, wodurch er die Entwicklungen in der Priesterausbildung indirekt miterleben konnte. Interessant ist die Haltung von Werner Krimm in dieser Zeit des Umbruchs: Er nahm die Entwicklungen ernst, beschwerte sich aber nie darüber, sondern sah sie als *„Aufbruch zu einer Kirche am neuen Zeitenufer“*, als Aufbruch, der gestaltet werden wollte.

Als Geistlicher Begleiter der Studenten

Werner Krimm war durchgängig seit den 1960er Jahren in der Geistlichen Begleitung einer wachsenden Zahl von Seminaristen tätig. Er wuchs in diese Aufgabe hinein, für die er kein eigenes Dekret des Bistums erhalten hatte. Dennoch zählte er wie selbstverständlich zu dem Kreis derer, die offiziell und verbindlich die Begleitung aller Alumnen versahen.

Er verstand diese Tätigkeit als Dienst an der Berufung der jungen Männer, was er mehr und mehr als Schwerpunkt innerhalb seiner priesterlichen Aufgaben ansah. Das wurde auch von den meisten, die er begleitete, so wahrgenommen, sodass sie auch über die Zeit der Ausbildung hinaus seine Begleitung gerne in Anspruch nahmen.

Dabei verlief dieser Dienst durchaus nicht ohne Probleme. Die Anfragen zum Zölibat und zum Gehorsam, die bei den Weihen gegenüber dem Bischof versprochen wurden, verstummten nie. Wollte er seinen Dienst ernst nehmen, musste er auch intensiver mit den jungen Männern darüber ins Gespräch kommen. Hier zeigten sich, besonders was das zölibatäre Leben anging, zum Teil heftige Widerstände.

Im Kreis solcher, die ebenfalls mit der Begleitung betraut waren, berichtete er, dass er nur vorsichtig nach der gelebten Sexualität der Kandidaten fragen könne. Ihm werde deutlich signalisiert, dass dies Privatsache sei. Sehr schnell stehe dann auch im Raum, sich bezüglich der Geistlichen Begleitung anderweitig umsehen zu wollen. Wie aber sollte gewinnbringend und nachhaltig über den Verzicht auf ausgeübte Sexualität gesprochen werden, wenn nicht ehrlich die gegenwärtige Praxis angeschaut werden konnte? Hier suchte Werner Krimm nach einem behutsamen und zugleich klaren Kurs. Seine Aussage: *„Was nützen Gespräche über noch so fromme Dinge, wenn ein Thema, das in die Mitte der Persönlichkeit hineinreicht, nicht angesprochen wird?“*

Besinnungstage für Erstsemester und Freisemester

Eine der Aufgaben, die ihm neben seinen anderen Tätigkeiten zuwuchsen, waren Besinnungstage für Erstsemester und für solche, die nach den Freisemestern wieder ins Mainzer Priesterseminar zurückkehrten. Gemeinsam mit einer Ordensfrau, die Psychologin war, später mit einem Psychologen von außerhalb, bestritt er diese Tage über viele Jahre hinweg.

Besondere Aufmerksamkeit hatte für ihn die Klärung der Berufungsfrage bei den Freisemester-Rückkehrern. Er ging davon aus, dass jede einzelne Berufung in einem Menschen ein „Geheimnis“ birgt, aus dem heraus diese Berufung lebt und ihre Kraft entwickelt.

Werner Krimm hatte für sich einen *„Baum der Berufung“* vor Augen. Dessen Teile waren: die Wurzeln als die Berufung zum Menschsein; der Baumstamm als die Berufung zum Kind Gottes; der obere Teil des Baumstamms als die Berufung in die Nachfolge Jesu; dann der Grund der Baumkrone als die Berufung zu einem besonderen Stand; schließlich die Baumkrone als Auftrag zu vielfältigen Aufgaben innerhalb der Berufung.

Doch sah er dieses Bild von Berufung nicht zu optimistisch. Er wusste sehr wohl um Kernprobleme. Da sah er zunächst das Problem der Überlagerung. Hier steht im Vordergrund der Wunsch, was der Mensch gerne wäre. Es lauert die Gefahr der Unechtheit, eines frommen Überbaus über das Leben. Da bieten sich dem Einzelnen falsche Identitäten an. Werner Krimm verglich das mit dem Bekenntnis Johannes des Täufers, der weder Messias, noch Elias, noch der Prophet sein wollte, was ihm die Juden anboten (Joh 1,19 ff.). Jeder sollte zu seiner echten, authentischen Berufung finden, die weder angeklebt noch übergestülpt sei.

Aus einem Manuskript – nachgezeichnet.

Ein zweites Problem sah er in einer mangelhaften Konsistenz und Kernbildung der Berufung. Es bestehe die Gefahr einer Patchwork-Identität, die letztlich zu Widersprüchen im eigenen Lebensgefühl und im Verhalten des Menschen führe. *„Alles in die eigene Mitte ziehen!“*, war seine Forderung: *„Wie stärken wir die Menschen in der Mitte ihrer Persönlichkeit, nicht in ihrer Funktionsbeliebigkeit?“*, das empfand er als die Aufgabe der Geistlichen Begleitung.

Als weiteres Problem sah er die Spannung zwischen Originalität eines Menschen und den Normen, die in der Gesellschaft, in der Kirche oder etwa für die Berufsgruppe der Priester vorgegeben sind. Wie kann der Einzelne, der in eine Gemeinschaft eingefügt ist, trotzdem seine originelle Art entwickeln und leben?

Studienfahrt in die USA

Um den eigenen Horizont und das eigene Verständnis von Priesterausbildung zu erweitern, startete er 1999 auf Einladung der Religious Sisters of Mercy of Alma, die auch in der Mainzer Priesterausbildung mitarbeiteten, mit einer kleinen Gruppe eine Studienfahrt in die USA. Vom Schönstatt-Zentrum in Waukesha bei Milwaukee aus besuchte er mehrere Priesterseminare der Umgebung, so das dortige Diözesanseminar und ein Seminar für Spätberufene.

Der Besuch des Priesterseminars von Denver vermittelte ihm Einblicke in die damalige Situation der Kirche insgesamt. Dieses Seminar war wegen vieler Missstände einige Zeit zuvor geschlossen und mit einem neuen Konzept wieder eröffnet worden. Beeindruckend war die väterliche Fürsorge des Regens und des Erzbischofs, mit denen ein intensives Gespräch über „Formation“ standfand. Der Vorgänger des Erzbischofs hatte veranlasst, parallel zum Diözesanseminar ein Seminar des Neokatechumenats zu errichten. Das brachte in der Folgezeit die größer werdende Sorge der Verantwortlichen, wie eine Spaltung des Klerus verhindert werden könnte.

Der Besuch verdeutlichte aber auch Unterschiede in der Mentalität der Priesterausbildung im Vergleich zu Deutschland. In Denver war es zum Beispiel selbstverständlich, dass Priesterkandidaten sich im Haus immer mit Soutane bewegten und zu jedem Gottesdienst in Chorkleidung erschienen. Die Formen der Ausbildung waren sehr viel festgelegter und nach deutschem Empfinden starrer.

Eine Lebensaufgabe bis zum Ende

Werner Krimm versah den Dienst der Geistlichen Begleitung von Priesterkandidaten bis kurz vor seinem Tod. In einem Schreiben vom 1. Juni 2000 gab er diese Aufgabe an den damaligen Regens zurück:

„Mit diesen Zeilen möchte ich Ihnen noch einmal schriftlich bestätigen, was ich neulich schon in der Runde der geistlichen Begleiter mit der Leitung des Priesterseminars zum Ausdruck brachte, nämlich dass ich mich aus diesem Gremium zurückziehen möchte, um jüngeren Mitarbeitern Platz zu machen. Ich hatte zum damaligen Zeitpunkt noch fünf Seminaristen im begleitenden Gespräch. ...

Wenn ich in den letzten Wochen etwas ‚gezögert' habe, diese Aufgabe zurückzugeben, war es eigentlich nur das Interesse und die Freude an einer solchen Tätigkeit. Die Treffen der Begleiter (mit der Seminarleitung) geschahen ursprünglich recht sporadisch, später wurden sie regelmäßig. Das brachte eine große Hilfe für die Arbeit. Ich habe in diesem Kreis viel gelernt und bin gerne gekommen. ...

So möchte ich mich abschließend für alles Vertrauen bedanken. Ich wünsche Ihnen und allen Mitarbeitern im Haus, den geistlichen Begleitern und vor allem den Seminaristen reichen Pfingstsegen und die frohe Erfahrung, dass auch die heutige Zeit ‚eine Zeit voll der Gnade' ist."

Eine der vielen Primizfeiern, bei denen er Festprediger sein konnte.

Vielsagend ist dieses Schreiben insofern, dass hier ein knapp 72-Jähriger von Interesse und Freude am Dienst der Geistlichen Begleitung spricht. Er hat diesen Dienst zunächst nebenbei, dann offiziell über einen Zeitraum von etwa 35 Jahren geleistet, ohne müde zu werden. Sein „Zögern" ist keine Koketterie, sondern erklärt sich dadurch, dass dieser Dienst für ihn letztlich mit seiner persönlichen Sendung als Christ und Priester zusammenhing. Er selbst erklärte in verschiedenen Zusammenhängen: *„Wenn ich etwas tue, das mit meiner Identität, mit meiner Person und meiner Sendung zu tun hat, werde ich dabei nicht müde."* Das, was er anderen im Blick auf deren Berufung formulierte, erlebte er selbst. Wenn es eine innere Verflechtung von Person und Sendung gibt, ist eine freie Hingabe an die Aufgabe möglich.

Eine Konsequenz daraus ist der freie Blick auf die jeweilige Gegenwart. Sinkende Zahlen in den Priesterseminaren und der Bewerber, die aus einer immer säkulareren Lebenswirklichkeit kommen, lassen ihn nicht jammern und schwarzsehen. Er wünschte *„die frohe Erfahrung, dass auch die heutige Zeit ‚eine Zeit voll der Gnade' ist"*. Dieser ungewöhnliche Wunsch am Ende einer Lebensaufgabe und – wie wenige Monate später klar wurde – am Ende eines Lebens, ist ein Bekenntnis der Hoffnung und des Glaubens an eine gute Zukunft der Kirche.

Ordensreferent des Bistums Mainz

Im Juni 1987 übernahm Werner Krimm die Stelle des Referenten für Orden und Säkularinstitute im Bistum Mainz, die dem Personaldezernat des Bischöflichen Ordinariats angegliedert ist. Ohne Vorgaben, wie er diesen Dienst versehen sollte, besuchte er zunächst Konvente, hatte Einzelgespräche. Doch spürte er bald, dass er als Referent des Bistums bei den Ordensleuten auch Hürden zu überwinden hatte. Es gab eine gewisse Atmosphäre, in der offenbar die Frage bestand: Was will dieser Mann des Bistums von uns als Ordensleuten oder als Gemeinschaften des geweihten Lebens?

So entstand bei ihm die Überzeugung, dass es der Arbeit als Ordensreferent dienlich wäre, wenn eine Ordensfrau mit ihm im Team diese Arbeit begleiten würde. Er fand diese Frau in Schwester M. Brigitta Buchler, einer Vinzentinerin, die zu dieser Zeit bereits mit halber Stelle im Ordinariat an der Diözesanstelle „Berufe der Kirche und Päpstliches Werk für geistliche Berufe" tätig war. Schwester Brigitta berichtete von ihrer ersten Begegnung mit Werner Krimm:

> *„Eines Tages klopfte Herr Pfarrer Krimm, der ebenfalls im Personaldezernat sein Büro hatte, an meine Türe. Ich sehe noch sein freundliches Gesicht, sein Lächeln und konnte mir nicht vorstellen, was ihn zu mir führte. Es war im Mai/Juni 1988. Herr Pfarrer Krimm ließ mich wissen, dass er das Amt des Ordensreferenten übernommen hatte. Um leichter Kontakte zu den Ordensleuten zu bekommen, um ihr Denken und Wünschen zu erspüren, wollte er eine Ordensfrau zur Seite haben. Er könne sich vorstellen, dass ich ihm mit der noch freien halben Stelle zur Seite stehen könne.*
>
> *Ich war von seiner Idee, seinem Vorhaben überrascht und doch beeindruckt, wie er sich der Aufgabe mit den Orden stellen möchte. Dass er ein gemeinsames Arbeiten auf dem*

Feld der Orden vorhatte, hat mich wiederum angesprochen. Am 1. Juli 1988 begannen wir unsere gemeinsame Arbeit.“

Schwester Brigitta war zunächst unsicher, wie eine gute Kooperation mit einem Priester aussehen konnte, der aus einer anderen Spiritualität kam, Angehöriger einer Geistlichen Bewegung und eines Säkularinstitutes war und nun mit Ordensleuten arbeiten sollte. Sie erinnert sich:

„Doch sehr bald spürte ich seine tiefe Gottverbundenheit, seine Schlichtheit, Einfachheit, Ungekünsteltheit, seine den Menschen Zugewandtheit, echte Freundlichkeit, Wertschätzung. Ich habe mich in den vielen Dienstgesprächen immer sehr angenommen, verstanden und wohl gefühlt. Ich gewann bald ein großes Vertrauen in unser gemeinsames Tun, weil ich deutlich seine Sorge um den Geist der Ordensleute und seine Liebe zu den Gottgeweihten spürte. Er war immer darauf bedacht, zu hören, was ich, vor allem durch meine Nähe zu den Schwestern, aufgenommen hatte und ihm unterbreiten konnte. Er war mit Eifer bei der ihm übertragenen Aufgabe.“

Arbeit in Regionen und Arbeitsgemeinschaften

Eine der Aufgaben war es, eine Struktur für die Zusammenarbeit zwischen den Ordensgemeinschaften und der Ortskirche zu entwickeln. So wurden zum Beispiel geistliche Nachmittage für die Schwestern in vier Regionen des Bistums eingerichtet: Bingen, Gießen, Worms, Bensheim/Heppenheim. Mainz selbst hatte ein monatliches Vortragsangebot, das Schwester Brigitta organisierte.

Die Themen für die geistlichen Nachmittage und deren Ablauf erstellten beide gemeinsam. Schwester Brigitta übernahm die Koordination der Termine, die Organisation und die praktischen Vorbereitungen. Werner Krimm konzentrierte sich jeweils auf den geistlichen Vortrag. Die Treffen fanden vier Mal im Jahr statt.

„Die Fahrten dorthin sind mir in sehr guter, eindrücklicher Erinnerung. Die Zeit unterwegs im Auto vergesse ich nie! So manches Eilige konnte ich mit ihm besprechen und klären. Aber vor allem haben wir gebetet, so manchen Rosenkranz, in unterschiedlichen Anliegen. Wir haben uns gerne über Glaubensgeheimnisse, die Gottesmutter, unser Bistum und die Kirche ausgetauscht. …

Meine Wertschätzung für Pfarrer Krimm vermehrte sich, je länger ich mit ihm zusammen sein konnte. In seiner Gegenwart spürte ich immer eine Freude, einen Frieden, eine Unverzagtheit, obwohl er doch oft überlastet war. Wenn man ihn fragte, wie es ihm gehe, sagte er jeweils: „Ich kann nicht klagen.“ Ja, das tat er nie. Es war ihm nie etwas zu viel, wenn ich dann auch noch mit Fragen und Problemen kam. Er nahm sich Zeit, hatte sich immer im Griff! Das war schon sehr beeindruckend!“

Unterwegs mit einer Ordensschwester.

Werner Krimm nahm auch teil an den Sitzungen verschiedener Gremien der Ordensgemeinschaften und Säkularinstitute, der Arbeitsgemeinschaften der Frauenorden und der Männerorden sowie an Ordenstagen im Bistum. Letztere wurden hauptsächlich von Schwester Brigitta organisiert. Werner Krimm unterstützte sie, soweit es möglich war. Unter seiner Mitarbeit wurde ein Ordensrat für das Bistum Mainz gegründet, in dem sich alle Orden und Gemeinschaften organisierten.

> *„Es gelang ihm, sich immer wieder auf Personen einzustellen. Es kamen ja auch viele Leute von außerhalb zum Gespräch zu ihm. Für alle war er da! Sich selbst nahm er zurück!“*

Eine andere Schwester, die mit ihm zusammen in der Begleitung der Priesterkandidaten tätig war, beschreibt Werner Krimm so:

> *„Seine Offenheit für alles Neue und sein Interesse an den Menschen waren spürbar und luden dazu ein, ihm zu vertrauen und sich ihm zu öffnen. Er hörte sehr aufmerksam zu und konnte wegen seines weiten und gütigen Herzens schnell menschliche Anliegen erfassen und auf sie eingehen. Sein Lachen war ansteckend, und mit seinem Humor konnte er die schwierigste Situation auflockern. Doch nahm er sich die Not der Menschen sehr zu Herzen. Er war ein treuer und fürsorglicher geistlicher ‚Vater‘ für alle, die mit ihm in Kontakt waren und derer er sich annahm. Nichts konnte ihn so leicht aus der Fassung bringen oder schocken. Seine Barmherzigkeit übertraf alle Vergehen und alle Schuld.*
>
> *Er arbeitete gerne mit anderen zusammen und war sich der Grenzen seines Wirkens wohl bewusst. Er konnte Kritik mit großer Demut annehmen. Doch bei grundsätzlichen Fragen ließ er sich mutig nicht von seiner Meinung und seinen Überzeugungen abbringen. Er liebte seine Unabhängigkeit und konnte Gängelei oder Engstirnigkeit nur schwer ertragen. Als Freund war er großherzig, hatte immer Zeit und nichts war ihm zu viel.“*

Die Sorge um die Kirche

Auch im Kontakt mit den Ordensleuten waren der Umbruch und die Zeitenwende in Kirche und Gesellschaft ein wichtiges Thema. Dabei kam vor allem die Sorge Werner Krimms um die Kirche zum Vorschein. Schwester Brigitta:

> *„Ja, Kirche! Das war sein Leben! Ich spürte in ihm, in seinem Reden und Denken die Liebe zur Kirche, zum Papst. Nie kam ein Wort der Enttäuschung oder des Missmutes über Zustände in der Kirche über die Lippen – eher ein Ausdruck der Sorge, weil es doch der Leib Christi ist!*
>
> *Mit besonderem Eifer hat er die Jahre vor dem großen Jubiläumsjahr 2000 mit ihren jeweiligen Themen aufgegriffen. Gott-Vater-Jahr, Christus-Jahr, Heilig-Geist-Jahr. Unvergessen, wie er diese vom Papst gewählten Jahre thematisch für die Schwesterntreffen ausgearbeitet hatte. Es war die Liebe zur Kirche, die ihn begeisterte.“*

Ein persönliches Zeugnis

Schwester Brigitta erinnert sich noch 20 Jahre nach dem Heimgang von Werner Krimm, wie sie entdeckt habe, dass die heilige Theresia vom Kinde Jesu für Werner Krimm eine Wegweiserin war. Sie spürte, wie sehr er sie verehrte und ihren „kleinen Weg“ zur Heiligkeit wertschätzte.

> *„Ich habe gespürt, dass er selbst diesen Weg geht. Die Spiritualität der kleinen Therese hat ihn geprägt, seine Bescheidenheit, seine Liebe zu Gott, zur Kirche und zu Maria, aber auch seine Wertschätzung für jedermann, dem er in seinem priesterlichen Dienst begegnete.“*

Schwester Brigitta besuchte Werner Krimm im Krankenhaus, als er sich auf das Sterben vorbereitete. Ihre letzte Begegnung mit ihm schildert sie so:

„Ich habe ihn ausgeglichen erlebt, habe gespürt, dass er sein Fiat auch dazu sprach – und ich möchte sagen, dass dieses Fiat als ein Dankesopfer an Gott für die Erlösungstat des Sohnes aus seinem Herzen kam. Pfarrer Krimm lag da, ruhig, beide Hände geöffnet, „Ich bin bereit“ signalisierend. Das werde ich nie vergessen. Dieser Ausdruck der Hingabe passte zu ihm und charakterisierte ihn, sein Leben und Zeugnisgeben für Gott und sein Evangelium.

Ich kann im Nachhinein nur voller Dank und großer Hochachtung an Herrn Pfarrer Krimm denken und ich bin gewiss: Er schaut in Seligkeit, was er erhofft, geglaubt und wofür er gelebt hat. Er wird eine Ewigkeit die Herrlichkeit Gottes, die Schönheit und Reinheit der Gottesmutter, den Glanz der Heiligen schauen. Ich freue mich, ihn einst wiederzusehen!

Ich weiß heute, wie sehr die Zeit mit Herrn Pfarrer Krimm für mich und mein geistliches Leben und meine Berufung in meiner Ordensgemeinschaft ein Segen war.“

Am 30. Juni 1996 hatte Werner Krimm in einem Brief Bischof Lehmann gebeten, mit seinen 68 Jahren die Aufgabe im Ordensreferat abgeben zu dürfen. Vergeblich. In einem zweiten Versuch bat er um Entlastung von der Aufgabe um die Zeit seines 70. Geburtstags. Auch diese Anfrage wurde mit einem Schreiben des Generalvikars beschieden, er möge sein Amt zwei Jahre weiterführen. So starb Werner Krimm „in den Sielen“ als Ordensreferent des Bistums Mainz.

Sein innerer Weg

Der innere, geistliche Weg Werner Krimms war zunächst geprägt durch seine Familie, in eigener Weise durch die schwierigen Charaktereigenschaften seines Vaters. Diese wurden etwas aufgefangen durch die fürsorgliche und liebevolle Art der Mutter. Das religiöse Leben in der Familie war das einer katholischen Durchschnittsfamilie dieser Jahre.

Die relativ kurzen Kriegserfahrungen weisen ihn auf der einen Seite als Jugendlichen aus, der einfach in das soziale Geschehen jener Zeit eingebunden war. Auf der anderen Seite stellte er als 16-Jähriger nach Kriegsende fest, dass er eine Lebensphase ohne geistigen Tiefgang durchlebt hatte. Um das überhaupt bemerken zu können, besaß er offenbar bereits eine Sensibilität für tiefere Dimensionen des Lebens.

Die Entscheidung nach dem Tod des Vaters, Priester zu werden, nachdem er sich bereits für fünf Semester in Naturwissenschaften eingeschrieben hatte, zeichnete die innere Linie seiner geistlichen Suche weiter. Er erzählte später kaum ausführlicher über die Zeit seines Theologiestudiums, über die Zeit seiner Vorbereitung auf die Priesterweihe im Priesterseminar oder auch über seine ersten Kaplansjahre. Er nannte Daten und berichtete über einzelne Ereignisse, kaum über deren tiefere Bedeutung für seine Persönlichkeitsentwicklung und sein geistliches Leben.

Eine besondere Spur und Kraft geistlichen Lebens entwickelte sich durch sein Kennenlernen der Schönstatt-Bewegung. Hier faszinierte ihn besonders die Pädagogik geistlichen Lebens, die er dort fand. Aber auch hier stand der eigentliche Wendepunkt seines inneren Lebens noch aus. Wie Zeugnisse derer, die ihm in den ersten Priesterjahren begegneten, zeigen, war sein Auftreten und die Wirkung seiner Persönlichkeit als junger Priester einerseits durchaus zugewandt und freundlich, andererseits aber auch von einer gewissen Prinzipienhaftigkeit geprägt.

Das hing nach seinen eigenen Aussagen wesentlich mit seiner Vater-Erfahrung zusammen. Die Härte des Vaters hatte offensichtlich sein Lebensgefühl und damit auch sein geistliches Leben und priesterliches Wirken nachhaltig beeinflusst. Für ihn wurde die Begegnung mit Pater Joseph Kentenich von entscheidender Bedeutung. Sie war die entscheidende Wende in seinem Leben.

Ein Prozess der Befreiung

Werner Krimm hatte Pater Kentenich, den Gründer der Schönstatt-Bewegung, bereits zweimal während seiner Studienzeit gesehen. Als 23-jähriger Student begegnete er ihm während einer Theologentagung an Ostern 1951 im Exerzitienhaus, dem heutigen Bundesheim in Schönstatt. Pater Kentenich hielt einen Vortrag, und die jungen Theologen stellten ihm Fragen, auf die er alle ausnahmslos einging. In den Notizen von Werner Krimm findet sich der Kommentar: *„Ich war begeistert: von seiner Gewandtheit und seiner Pädagogik."*

Ein zweites Mal traf er ihn, wiederum ohne ein persönliches Gespräch mit ihm, zur letzten Pädagogischen Tagung (2.-5.10.1951) vor dem Exil Pater Kentenichs. Inhalte der Tagung waren die Vorträge, die später in dem Buch „Dass neue Menschen werden" veröffentlicht wurden. Dieses Mal lautete der Kommentar: *„Ich hörte ihm zu. Seine Pädagogik und Psychologie warfen mich um. So kann man arbeiten. Das wird den Menschen auch in seiner Tiefe erfassen."*

Dann entstand eine lange Kontaktpause. Vor Weihnachten 1964 kam aus Milwaukee, dem Ort des kirchlichen Exils Pater Kentenichs, ein Schreiben von Pater Johannes Kulgemeyer:

> *„Grüß Gott, lieber Herr Studienrat!*
>
> *Es ist für mich eine große Freude, dass Sie nach hier kommen wollen. Sie sind ein gern gesehener Gast, und ich*

möchte Sie freundlich einladen, bald zu kommen. Für ein Zimmer ist gesorgt, so dass Sie sich deshalb keine Sorge zu machen brauchen. Alles andere ergibt sich ja, wenn Sie nur erst mal hier sind. Es gibt ja so vieles zu besprechen. In der frohen Erwartung, Sie hier begrüßen zu dürfen, sendet Ihnen herzliche Grüße

Ihr John Kulgemeyer.“

PERSONENBESCHREIBUNG
DESCRIPTION
SIGNALEMENT

Beruf / Occupation / Profession: Pfarrer (Studienrat)
Geburtsort / Place of birth / Lieu de naissance: Nieder Liebersbach/Bergstr.
Geburtsdatum / Date of birth / Date de naissance: 15. Juli 1928
Wohnort / Residence / Domicile: Mainz
Gesichtsform / Shape of face / Visage: oval
Farbe der Augen / Colour of eyes / Couleur des yeux: blau
Größe / Height / Taille: 175 cm
Besondere Kennzeichen / Distinguishing marks / Signes particuliers: keine

Nr. B 7496101

Unterschrift des Paßinhabers / Signature of bearer / Signature du titulaire

Es wird hiermit bescheinigt, daß der Paßinhaber die im Lichtbild dargestellte Person ist und die Unterschrift darunter eigenhändig vollzogen hat.
It is hereby certified that the bearer is identical with the person on the photograph and that the signature has been given in his own hand.
Il est certifié que le titulaire est la personne représentée par la photographie ci-dessus et que la signature est autographe.

Mainz, den 27. Nov. 1964

Unterschrift / Signature / Signature

Nr. B 7496101

Neuer Reisepass 1964 für die USA-Reise.

Es war die verklausulierte Formulierung einer Einladung, die gewählt wurde, wenn Mitglieder der Schönstatt-Bewegung den Gründer besuchen wollten. Diesem war von den kirchlichen Oberen verboten worden, für die Bewegung zu arbeiten, jedoch gestattet worden, mit Einzelnen im Sinne einer Geistlichen Begleitung und für die Beichte Kontakt aufzunehmen sowie Gottesdienste zu halten.

Nachdem Werner Krimm sich im November einen neuen Reisepass besorgt hatte, traf vom amerikanischen Generalkonsulat ein Schreiben mit der Bestätigung ein, dass er für ein Besuchervisum qualifiziert sei. Am Mittwoch, dem 23. Dezember, landete er gemeinsam mit einem Mitbruder in Chicago, musste jedoch wegen Nebel mit dem Zug weiter nach Milwaukee reisen.

An diesem Tag erlebte er gleich ein erstes Gespräch mit Pater Kentenich, das so typisch für dessen humorvollen und zugleich tiefsinnigen Stil war. Als Werner Krimm im Bewegungshaus angekommen war, bat ihn Schwester Winfriede, die die Begegnungen organisierte, ans Telefon. In einem späteren Bericht schilderte Werner Krimm die Situation so:

„Herr Pater sagte nach der Begrüßung: ‚Ich habe gehört, dass Sie in der Oktoberwoche gesprochen haben.' Und ich wollte sehr bescheiden sein bei ihm und fügte sofort hinzu: ‚... aber auf Ihrem Hintergrund!' Und er ergänzte: ‚Ja, und auf dem Vordergrund Gottes.' Dann erzählte ich ihm mein Missgeschick in Chicago, dass der Nebel den Weiterflug nach Milwaukee behinderte, und seine Rede war: ‚Haben Sie auch tüchtig mit der Gottesmutter geschimpft?' ‚Nein!', sagte ich. Und er: ‚Dann müssen Sie das noch tun.'"

Neuerfahrung eines Vaters

Werner Krimms Bericht:

„Am anderen Morgen, es war der 24.12.1964, feierten wir in der Frühe mit ihm die heilige Messe im Heiligtum. Und dann ging er mit einem Student und mir vor dem Kapellchen noch ein wenig spazieren. Er fragte nach meinen persönlichen Verhältnissen daheim. Er erkundigte sich nach Weihbischof Reuss, den er als Gymnasiast kennengelernt hatte. Und er meinte damals: ‚Ich habe sein Seelenbild noch genau vor Augen.' Von diesem Tag an widmete er sich uns täglich eine Stunde."

Werner Krimm mit Pater Kentenich bei der Kommunionausteilung in Milwaukee.

In der Zeit bis zu seiner Abreise am 6. Januar – er musste nach den Weihnachtsferien pünktlich zum Schulbeginn wieder in Mainz sein – ereigneten sich allerlei lustige Geschichten, einmal im Gespräch mit Schwester Winfriede. Werner Krimm fragte sie:

„‚Haben Sie das schon mal beobachtet, Schwester, dass der Herr Pater große Ohren hat?' Und dann fügte ich hinzu: ‚Wahrscheinlich braucht er sie, um den Pulsschlag der Zeit zu hören.' Schwester Winfriede, nicht faul, muss das Herrn Pater erzählt haben, und am anderen Morgen, als die Predigt stattfand, hörten wir zu unserem großen Erstaunen ihn predigen

von der Familie der Langohren. Aber es war auch die Rede von den Leuten mit den intellektuellen Wasserköpfen und den eingeschrumpften Herzen.“

Ein entscheidendes Gespräch schilderte er so:

„Ich hatte persönlich eine sehr wichtige Frage. Weshalb kann man alles vom Vorsehungsglauben – sowohl, wo es um die Lehre geht, wie auch, wo es um die Praxis geht – wissen, seine Bedeutung hochschätzen und ihn doch nicht leben? Er hat vierzehn Tage darauf Antwort gegeben. Immer wieder kamen andere Fragen dazwischen, er kam auf seine Überlegungen zurück und nach vierzehn Tagen hatten wir die Antwort. Und die lautete: Wenn ich konkret das Wirken Gottes nicht wahrnehme im Alltag, dann liegt es einfach an der mangelnden Kindlichkeit. ‚Kindlichkeit, das heißt‘, so sagte er, ‚zu schwimmen im Erbarmungsmeer Gottes und im Erbärmlichkeitsmeer unserer selbst.“

Diese Begründung und Ausführung prägten sich Werner Krimm so sehr ein, dass er sie in der Folgezeit zu den wichtigsten Punkten seiner Verkündigung und pastoralen Praxis machte.

In den letzten beiden Tage seines Besuches geschah dann Entscheidendes:

„Am zweitletzten Tag meines Weilens in Milwaukee war ich von dem Drang besessen, einmal mit ihm allein sprechen zu können. Er gab mir dazu die Möglichkeit, und es war interessant: Er stellte seinen Stuhl so, dass ich neben ihm zu sitzen kam. Wir schauten beide in eine Richtung und dann konnte ich ihm alles sagen, was mich bewegte. Er deutete mir das Leben. Und als ich mir noch einmal für den letzten Tag eine Stunde erbat, tat er dasselbe.“

„Ich konnte ihm alles sagen, was mich bewegte.“ In diesem Satz deutete Werner Krimm diskret das an, was er nur selten in persönlichen Gesprächen weiter erläuterte. Er sprach mit Pater Kentenich über seine Kindheits- und Jugenderfahrungen und

deren Bedeutung für sein Leben. Die deprimierenden Erfahrungen mit seinem leiblichen Vater, der ihn vor der Schulklasse regelmäßig verprügelt und sich zu Hause wie ein Tyrann gebärdet hatte, konnte er Pater Kentenich anvertrauen, wie er es noch nie zuvor gewagt hatte. Mit dessen Hilfe konnte er selbst besser verstehen, warum er in seinem eigenen Werdegang zwar mit großem Engagement in der Seelsorge arbeiten konnte, doch mit einer gewissen Verbissenheit viele Dinge sah und behandelte.

Werner Krimm erlebte Pater Kentenich zwar auch als einen kompetenten Zuhörer und Berater. Doch fand er in ihm noch mehr einen Menschen, der ihm als jungem Priester mit einer solch zugewandten und wertschätzenden Weise begegnete, wie er sie noch nie erfahren hatte. Dieser fast 80-jährige Seelsorger strahlte eine Fürsorglichkeit und Güte aus, die sein Bild von einer Autorität geradezu auf den Kopf stellten.

„Er stellte seinen Stuhl so, dass ich neben ihm zu sitzen kam.“ Er erlebte eine Autorität, die sich nicht auf Macht und Strukturen stützte, sondern auf wertschätzende, Freiheit eröffnende Beziehung. Die Begegnungen mit Pater Kentenich konnten so für Werner Krimm zu einer achtsamen und liebevollen Begegnung mit der eigenen Biographie werden und lösten einen heilsamen Wandlungsprozess aus.

Mit diesem Besuch in Milwaukee begann für Werner Krimm eine tiefe und prägende Beziehung zu Pater Kentenich, die er selber als die Gnade einer Heilung beschrieb und dankbar bezeugte. Er erfuhr den Gründer als einen väterlichen Menschen und Priester, von dem er sich zutiefst verstanden und angenommen wusste. Offensichtlich war es ein großes Gegensatzerlebnis zu seinen eigenen Erfahrungen als Kind und Jugendlicher in der Familie daheim und in der Schule.

Werner Krimm beschrieb später diese Begegnung so: *„Ich habe einen wirklichen Vater erlebt. Er konnte in meine Seele schauen,* *und ich ließ ihn gerne in meine Seele schauen, denn sein Blick stellte nicht bloß, sondern sah mich groß.“* Immer wieder bezeichnete er diese Begegnung als den wichtigsten Wendepunkt in seinem Leben, durch den sich vieles in seinem Selbstbewusstsein und in seiner Art der Seelsorge grundsätzlich verändert habe.

Pater Kentenich schenkte ihm während seines Besuches unter anderem eine Kerze, die er seinerseits von einer Besucherin geschenkt bekommen hatte. Diese Kerze brannte am 16. Oktober 2000 neben seinem Sterbebett und spannte einen weiten Bogen zwischen der prägenden und verändernden Begegnung in Milwaukee und seiner Heimkehr zu Gott als dem Vater, von dem zu sprechen und zu predigen er nach seinen Milwaukee-Erfahrungen nie mehr aufhörte.

Die Verkündigung eines barmherzigen und Freiheit schenkenden Vaters wurde der Hauptinhalt seiner Verkündigung. Ihm war bewusst, und er drückte es auch in dieser Weise aus, dass die natürliche Erfahrung eines guten Vaters eine wichtige Voraussetzung dafür ist, authentisch von Gott als Vater sprechen zu können. „Gratia supponit naturam“ – „Die Gnade baut auf der Natur auf“, ein Satz des heiligen Bonaventura, den Thomas von Aquin aufgriff und weiterführte, war für ihn eine wichtige theologische Begründung für diese Einsicht. Seine Erfahrungen in Milwaukee gaben ihm die Zuversicht, dass Menschen mit schwierigen Vatererlebnissen die Chance haben, positive Nacherfahrungen zu machen, um so eine „Neubeelterung“ zu erleben. In dieser Weise verstand er auch in der Folgezeit sein eigenes Wirken als Priester.

„Und so habe ich von diesem Tag an das sogenannte, wie meine Mitbrüder sagten, ‚Vater- und Kindesgeschrei‘ eröffnet. In der Tat hat sich im Laufe der Jahre auch diese Umstellung in der Schule bemerkbar gemacht. Es kam so zu einer fruchtbaren Seelsorge. Und ich selber habe auch in mir große Veränderungen wahrnehmen können.“

In einem Brief vom Januar 1966 bestätigte Pater Kentenich diese Veränderungen:

> *„Wenn ich mich nicht täusche, ist Ihre Arbeit reich gesegnet worden, der größte Segensstrom scheint in Ihr eigenes Herz hineingeflossen zu sein. Eine neue Welt ist offensichtlich in Ihnen aufgebrochen, die überall verwandtes Leben weckt und nicht zur Ruhe kommt, bis es sich nach allen Richtungen hin schöpferisch ausgewirkt hat.“*

Weitere Begleitung durch Pater Kentenich

Kaum ein Jahr nach dem Besuch Werner Krimms im Milwaukee erlebte Pater Kentenich seine kirchliche Rehabilitierung. Nach einer Audienz bei Papst Paul VI. am 22. Dezember 1965, kurz nach Beendigung des Zweiten Vatikanischen Konzils, konnte er nach 14 Jahren zurück nach Deutschland.

Nach der Rückkehr Pater Kentenichs nach Schönstatt – Begegnung am 30. Dezember 1965.

Nun zeigte sich, dass die Erfahrungen Werner Krimms in Milwaukee keineswegs eine einmalige seelsorgliche Begegnung mit Pater Kentenich war. Zwischen den beiden war eine persönliche Beziehung entstanden. Pater Kentenich war als Gründer einer weltweiten Bewegung mit insgesamt 25 verschiedenen Gemeinschaften, davon sechs Säkularinstituten, mehr als ausgelastet. Zwischen der Ankunft in Deutschland am 24. Dezember 1965 und seinem plötzlichen Tod am 15. September 1968 fand er dennoch immer wieder die Möglichkeit, mit Werner Krimm zu sprechen.

Insgesamt zehn Mal wurde er nach Anfrage zu Mahlzeiten mit Pater Kentenich eingeladen, meist zu Abendessen. Dieser ließ sich bei solchen Treffen von Werner Krimms seelsorglichen Erfahrungen berichten und war besonders interessiert, seine Einschätzungen zu gesellschaftlichen und kirchlichen Vorgängen zu hören.

Schönstatt, den 2.5.66.

Grüß Gott!

Herr Pater dankt Ihnen für Ihren Brief und die Beilage, er läßt Sie herzlich grüßen und Ihnen mitteilen, daß er gerne bereit ist, Sie Ende dieser Woche zu empfangen. Um einen genauen Termin zu vereinbaren, möchten Sie sich bitte nochmals melden. Herr Pater ist ab Donnerstag wieder hier.

Mit freundlichen Grüßen

i. A. Schw. M. Aloysia

Einer der vielen Briefe im Auftrag von Pater Kentenich.

Bei einem dieser Treffen kamen sie wieder einmal auf seinen persönlichen Werdegang zu sprechen. Dabei fragte Werner Krimm: *„Was wäre aus mir geworden, wenn ich Sie nicht getroffen hätte?“* Pater Kentenich sei, so berichtete Werner Krimm später mehrfach, sehr nachdenklich und ernst geworden und habe nach einiger Zeit geantwortet: *„Sie wären wohl ein sehr schwer kranker Mann geworden."* Das habe sich, so betonte Werner Krimm, mit seiner eigenen Empfindung und Einschätzung gedeckt. Umso größer war seine Dankbarkeit und Freude.

Im Blick auf die Gespräche mit Pater Kentenich und dessen Briefe an ihn formulierte Werner Krimm zusammenfassend über dessen Umgang mit den Menschen:

„Sie merken, es geht immer wieder in dieselbe Kerbe: Er dankt, er bestätigt, er ermuntert, er denkt an die Bezüge, in denen man steht. Das ist die Seelsorge, wie man sie machen soll. Wir nennen das heute: personale Seelsorge. Das hat er intensiv gemacht und das in einer Zeit, in der er beansprucht war wie kaum jemand."

Wie nachhaltig die Beziehung Werner Krimms zu Pater Kentenich war, zeigen Tagebuchnotizen aus dieser Zeit, aber auch aus den folgenden Jahren. Wenn er Pater Kentenich erwähnt, nennt er ihn selten beim Namen, sondern bezeichnet ihn als „Vater". Man gewinnt den Eindruck – und das bestätigt auch die Art und Weise, wie er später sehr persönlich von ihm sprach – dass er sich nach den schwierigen Erfahrungen mit seinem leiblichen Vater von Pater Kentenich gleichsam adoptiert fühlte. In seinen Vorträgen und in Gesprächen sprach er zwar oft von „Herrn Pater", im geschützten Raum seiner inneren Beziehung zu ihm aber galt er ihm als ein Vater.

Bei den Treffen, die in der Regel in Schönstatt stattfanden, erlebte Werner Krimm unter anderem auch die humorvolle Seite des Gründers. Im September 1966, nach der Einkleidung eines Kurses der Marienschwestern, unter denen sich auch eine Mainzerin befand, waren mehrere Priester zum Mittagessen eingeladen, auch der Heimatpfarrer jener Mainzer Schwester aus der Altstadt von Mainz. Werner Krimm schilderte die Begegnung:

„Zum Mittagessen gab es ein Glas Wein. Da stellte sich Pfarrer Diehl auf und sagte: ‚Ich schenk mal ein.‘ Aber als er anfangen wollte einzuschenken, sagte er: ‚Nein, nein, ich lasse es lieber. Herr Pater, ich glaube, die wollen alle von Ihnen eingeschenkt haben.‘ Herr Pater schaute den Pfarrer Diehl sehr freundlich an, war sehr amüsiert über dessen Originalität und sagte: ‚Herr Pfarrer, wenn das hier Frauen wären, da hätten Sie ja recht. Männer aber sind an der Sache interessiert.‘ Und dann hat er ihn einschenken lassen. Bei derselben Gelegenheit sprach Pfarrer Diehl davon, er möchte eine Wallfahrt nach Fatima machen. Pater Brantzen, der ebenfalls als Mainzer am Mittagessen teilnehm, sagte: ‚Sie brauchen doch nicht nach Fatima zu fahren, bleiben Sie doch hier in Schönstatt, da begegnen Sie doch der Gottesmutter: Nichts ohne Dich - nichts ohne uns. Nicht wahr, das ist eine handfeste Sache!‘ Der Pfarrer Diehl hörte sich das an, dann sagte er: ‚Also, Herr Pater Brantzen, Sie können jetzt grad‘ sagen, was Sie wollen, ich fahre ja doch nach Fatima.‘ Der am lautesten gelacht hat, nicht zu bezweifeln, war Herr Pater Kentenich. Und als Pfarrer Diehl, der wirklich ein Mainzer Original war, früher weggehen musste, sagte Herr Pater: ‚Ach, Herr Pfarrer, bleiben Sie doch noch ein bisschen da“, weil er eine besondere Vorliebe hatte für originelle Leute.“

Am 11. September 1968, abends um 21 Uhr, hatte Werner Krimm sein letztes Gespräch mit Pater Kentenich, vier Tage vor dem Tod des Gründers. Umso bestürzter war er, als er am Todestag, dem 15. September, einen Bus bei einer Pilgerfahrt nach Schönstatt begleitete und bei der Ankunft im Tal Schönstatt durch eine Schwester von dessen Tod erfuhr. Er trug, so schilderte er später, seine Emotionen und Erfahrungen des letzten Treffens noch so lebendig in sich – und nun diese Nachricht.

Umso wertvoller wurden für ihn alle Begegnungen mit Pater Kentenich, angefangen von dem Besuch in Milwaukee 1964, dann den persönlichen Gesprächen in den folgenden drei Jahren, die dem Gründer in Deutschland noch verblieben, bis hin zu den Tagungen und Veranstaltungen, während denen er ihn mit anderen gemeinsam erleben und sprechen konnte.

Auswirkungen dieser Begegnung

Dass jener Befreiungsprozess durch die Begegnung mit Pater Kentenich keine übertriebene oder gar mystifizierende Beschreibung darstellt, zeigen Gespräche mit Menschen, die ihn vor und nach jener Begegnung kannten.

Das zeigt beispielsweise das Gespräch mit einer Frau, die Werner Krimm während seiner Kaplanszeit in St. Stephan Mainz im Rahmen der Jugendarbeit mit den Pfadfinderinnen der Gemeinde kennenlernte. Ihr Kommentar: „Kaplan Krimm zeigte wohl einen beeindruckenden Einsatz bei seiner Arbeit. Aber er war ein Prinzipienreiter erster Güte. Er war unglaublich streng und hielt stur an seinen Grundsätzen fest."

Wer dagegen Werner Krimm ab Ende der 1960er Jahre kannte, seinen seelsorglichen Einsatz und seine Geistliche Begleitung erlebte und schätzte, konnte vermuten, dass eine solche Beschreibung einen anderen Menschen meinte. Man würdigte ihn als einen Priester, der viele Anregungen bot, dem es aber immer um die freie Entwicklung der Einzelnen ging.

Auch hierzu ein Beispiel: Als zu dieser Zeit ein junger Mann um seinen Berufsweg rang, suchte er Rat bei Werner Krimm. Er könne sich nicht entscheiden, ob er ins Priesterseminar gehen oder den Weg der Ehe wählen solle. Werner Krimm sträubte sich dagegen, einen Rat zu erteilen, weil man die Echtheit eines Weges nur in seinem Inneren erfahren könne. Schließlich ließ er sich doch die Empfehlung abringen, der junge Mann soll ins Priesterseminar eintreten. Jahre später, als der Mann nach einer Zeit des Studiums doch den Weg der Ehe und Familie ging, betonte Werner Krimm: *„Ich habe danach nie mehr eine solche Empfehlung ausgesprochen. Die Freiheit geht über alles!"*

Buchcover Mitscherlich, Auflage 1970.

Doch es gab weitere Veränderungen. Wie bereits erwähnt, betonte Werner Krimm später: *„Als ich von Milwaukee zurückkehrte, begann ich mit meinem Vater-Geschrei.“* Gemeint war damit, dass er nach seinen Erfahrungen bei Pater Kentenich in einer neuen Weise vom Vater als einem Lebensproblem und einer Lebenschance sprach. Es war die Zeit, in der Alexander Mitscherlich seine epochale Studie „Auf dem Weg zur vaterlosen Gesellschaft“, Erstausgabe 1963, vorgelegt hatte. Aussagen dieses Buches verwandte Werner Krimm über viele Jahre hinweg als Einstieg, um die Vaterproblematik in seinen individuellen und gesellschaftlichen Auswirkungen zu beschreiben.

Doch war die Vaterproblematik für ihn nicht nur ein psychologisches Problem, das bewältigt werden sollte, auch kein Problem, über das man lediglich theoretisch debattieren sollte. Es war für ihn vor allen Dingen etwas, das er in der seelsorglichen Praxis angehen wollte. Wie er Pater Kentenich als einen Vater und eine Autorität neuer Art erlebt hatte, so wollte er selbst als Priester und Seelsorger Vater sein. *„Nach den Begegnungen in Milwaukee stellte ich meine gesamte Seelsorge um“*, so betonte er immer wieder.

Das bedeutete konkret: Er wollte eine *„personale Seelsorge“*, wie er sie selbst nannte. Er wollte in der seelsorglichen Arbeit Beziehungen schaffen, die Menschen dazu befreiten und befähigten, selbst gute Beziehungen aufzubauen. Nicht selten begleitete er Menschen, die an ihren Vater- und auch Mutterbeziehungen litten und denen dadurch der Weg zu einem freien und selbstbestimmten Leben wenn nicht verstellt, so doch erschwert war.

Ein kleiner Ausdruck für seine Art der Seelsorge war, dass er gerne wie Pater Kentenich Geschenke austeilte. Besonders wenn er in eine Familie zu Besuch und zu Gesprächen kam, brachte er den Kindern etwas mit, meist eine Tüte Gummibärchen oder sonstige Süßigkeiten. Die Erwachsenen beschenkte er nicht selten mit einem interessanten Artikel aus einer Zeitschrift, einem Zeitungsausschnitt, einem Flyer zu einer Veranstaltung, manchmal sogar mit einem Blumenstrauß – wie es eben ein Vater tut.

Sein letztes Zeugnis über Pater Kentenich

Als der damalige Leiter der deutschen Schönstatt-Bewegung, Pater Tilmann Beller, Werner Krimm wenige Tage vor dessen Heimgang im Krankenhaus besuchte, konnte er ein wertvolles Zeugnis über den Gründer mitschreiben:

„Er [Werner Krimm] war ruhig, gelassen, heiter wie immer. Im Gespräch begann er plötzlich eine Art Monolog, eine längere Rede, die er Satz für Satz sprach, und ich hatte das Bedürfnis, mir das zu notieren. Er nahm das wahr und sprach mit großen Pausen, so dass mir auch nichts entging:

‚Was haben wir einen großen Vater. Ich verdanke ihm alles. Ohne ihn wäre nichts geworden – bei aller Begabung des Herzens.
Ich könnte mir mein Leben nicht vorstellen ohne diesen Hintergrund. Er hat sich meiner angenommen mit achtzig Jahren ... mit einer Zuversicht und Kraft, mit einer Hingabe. Wir können mit diesem Zauberstab der Liebe des Vaters alles verwandeln.
Das wäre das große Geschenk, dass der pastorale Durchbruch durch ihn geschieht. ...
Ich habe nichts vorzuweisen, ich habe nur zu danken.‘

Nach diesen Worten war Stille. Sie gab mir den Eindruck, er hatte gesagt, was zu sagen war.“

Geistliches Leben

Die Begegnung mit Pater Kentenich hatte auch Auswirkungen auf die Art und Weise, wie Werner Krimm sein geistliches Leben gestaltete. Zwar hatte er sich, nicht zuletzt durch die Zugehörigkeit zu seiner Priestergemeinschaft, bestimmte Formen des geistlichen und priesterlichen Lebens angeeignet, doch bekamen diese nun eine neue Qualität. So empfand er die geprägten Formen, etwa das Stundengebet, immer weniger als Verpflichtungen, sondern als frei gewählte Ausdrucksformen seiner Gottesbeziehung. Brevier, Betrachtung und Meditation, Rosenkranz wurden für ihn zur Beziehungspflege.

Tagesordnung

Die Begeisterung Werner Krimms für eine Pädagogik des geistlichen Lebens, die ihn zu Beginn seiner Studienzeit ergriffen hatte, war keine Momentaufnahme. Bis in die letzten Tage seines Lebens führte er schriftlich eine „Geistliche Tagesordnung“, kurz GTO. Mit seiner Priestergemeinschaft hatte er den Brauch der Schönstatt-Bewegung übernommen, am Abend schriftlich sich selbst zu überprüfen, ob er an seine geistlichen Punkte gedacht hatte. Seine letzte Eintragung stammt vom 11. September 2000, bevor seine Kräfte rapide abnahmen.

Etwa die Hälfte seiner Punkte bezog sich auf das Gebet, besonders das Stundengebet. Die „tägliche halbe Stunde“, die seine Priestergemeinschaft pflegt, plante er als eine geistliche Übung im Sinne des persönlichen Gebets und der Meditation ein, die er praktisch immer einhielt, ebenso das Rosenkranzgebet.

Weiter stand ein zehnminütiges Aufräumen seines Arbeitszimmers auf dem Plan. Diesen Punkt hatte er darum in seine Tagesordnung aufgenommen, weil auf seinem Schreibtisch ständig das absolute Chaos drohte. Da er viele Gespräche in seinem Arbeitszimmer abhielt, bestaunten die Besucher die vielen Schichten von Papieren und Briefen auf seinem Schreibtisch, was er für sich aber durchaus nicht als Kompliment verbuchte. So wollte er daran etwas ändern, was ihm aber kaum gelang und dadurch zur bleibenden Aufgabe wurde.

Ein wichtiger Punkt war ihm die abendliche geistliche „Tagesschau" vor dem Schlafengehen. Mit einem Stichwort notierte er in seiner GTO ein besonderes Ereignis des jeweiligen Tages. Das war für ihn ein Ausdruck seiner Erfahrung: Gott geht mit mir.

Seinen besonderen Vorsatz im gesamten Jahr 2000 fasste er unter den Begriff der „Väterlichkeit". Er wollte darauf achten, dass er den Menschen, denen er begegnete und die ihn zum Gespräch aufsuchten, in wohlwollender und empathischer Weise – eben wie ein guter Vater – begegnen wollte.

Stundengebet

Erstaunlich war sein konsequentes Breviergebet. Es gab offenbar bei ihm keine Diskussion darüber, es in allen Teilen zu verrichten. So war auch sein erster Eintrag in der Geistlichen Tagesordnung nach dem rechtzeitigen Aufstehen die Verrichtung der Matutin und der Laudes.

Auch wenn er beispielsweise mit Gruppen und Einzelpersonen unterwegs war, gab er sich keine Dispens von diesen Gebetszeiten. Notfalls zog er sich ein wenig zurück, um in Ruhe eine Hore zu verrichten. War er etwa bei einer Tagung mit solchen zusammen, die das Stundengebet nicht gewöhnt waren, meinte er mit einem Lachen, die ersten Teile wolle er niemandem zumuten, man würde sich darum erst zur Laudes treffen.

Gebetszeiten

Als Beispiel sei ein Formular vom 3. April 1984 betrachtet, das er während einer Tagung für sich selbst zur Überschrift „Zeit – Geschenk Gottes?!" ausfüllte. Er zeichnete in das Schema den „Energie-Kuchen" eines Tages.

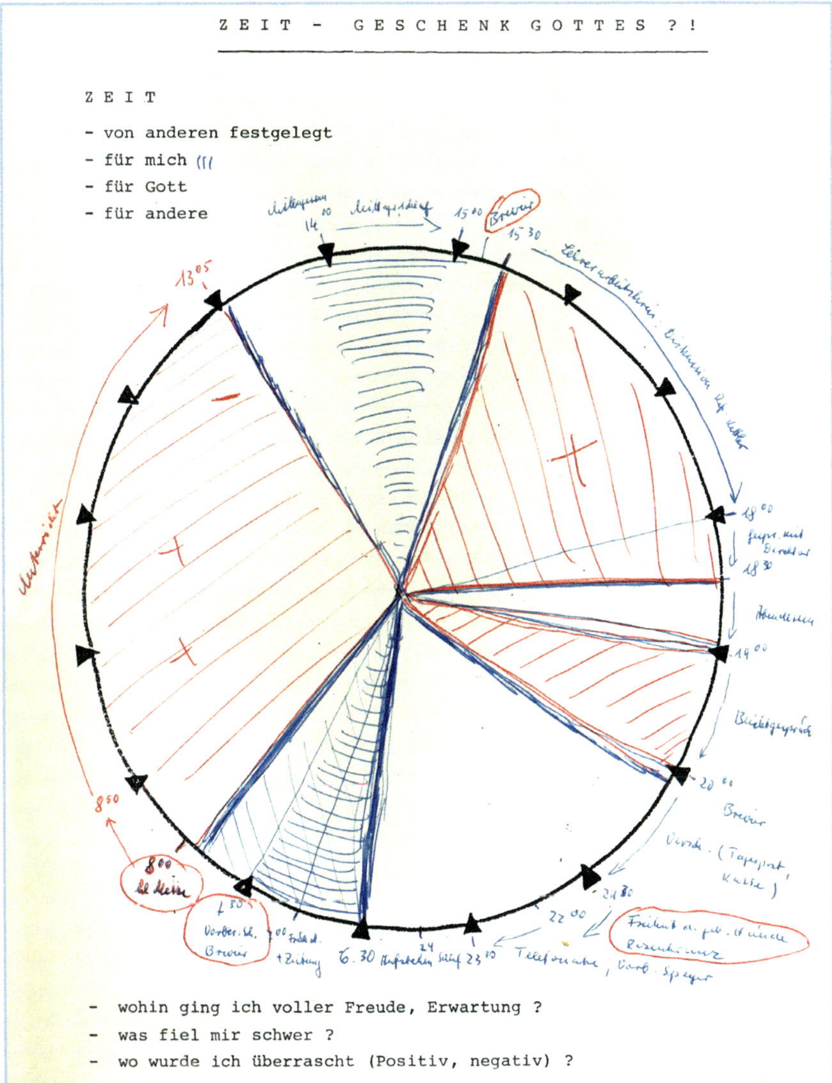

Darstellung seines Tagesablaufs.

Zu dieser Zeit war er noch im Willigis-Gymnasium tätig, so dass er an den Rhythmus der Schule gebunden war. Hier wird deutlich, dass seine Gebetszeiten, ohne die tägliche Eucharistiefeier, bereits zwei Stunden ausmachten.

Mit der Übernahme des Ordensreferates änderte sich sein Tagesrhythmus nicht grundsätzlich, wenn auch die einzelnen Zeiten anders gefüllt wurden. Er hatte ein Büro im Personaldezernat des Bischöflichen Ordinariats erhalten, in das er zwischen 8 und 12 Uhr in der Regel vier Besucher nacheinander zur Geistlichen Begleitung einlud. Zwischendurch nahm er in einer meist fröhlichen Runde am Kaffee derer teil, die mit ihm das Stockwerk der Personalführung teilten.

Nach Mittagessen, Mittagsschlaf und der Sext des Stundenbuches folgten, sofern er nicht unterwegs war zu Ordenskonventen, Veranstaltungen, Teamtreffen oder Gesprächen außerhalb, ab 14.30 Uhr weitere Begleitungsgespräche, die sich oft bis zum Abendessen hinzogen.

Der Rest des Tages war wiederum mit Gesprächen, die sich oft bis nach 22 Uhr hinzogen, mit Besuchen bei Mitbrüdern oder bei Familien angefüllt. Den Abschluss des Tages bildeten wieder Gebet und die geistliche „Tagesschau".

Sein Persönliches Ideal

Pater Kentenich ging in seiner Begleitung davon aus, dass Gott in jedem Menschen ein einmaliges und originelles Bild sieht, auf das hin zu leben der Mensch eingeladen ist. Er bezeichnete dies als das „Persönliche Ideal" eines Menschen. Der Inhalt des Begriffs trifft sich inhaltlich mit vielem, was in der Psychologie heute als „Ich-Ideal" oder „Selbst-Konzept" verhandelt wird. Hinzu tritt allerdings für Pater Kentenich die religiöse Perspektive: Dieses „Ideal" ist ein Geschenk Gottes, der den Menschen in seinem lebenslangen Bemühen auf dieses Ideal zu begleitet.

Für Werner Krimm war das eine der wichtigen Perspektiven in der Begleitung anderer Menschen. Er war der Überzeugung, dass der Mensch dann zu einer wirklichen und freien Entfaltung gelangt, wenn er auf dieses, ihm persönlich geschenkte Ideal zugeht. Geistliche Begleitung hatte darum für ihn die Aufgabe, Hebammendienste zu leisten, damit der Einzelne sein Ideal erkennen, Hindernisse aus dem Weg räumen und seinen je eigenen Weg finden kann.

Werner Krimm zitierte bei der Reflexion über eine „Ideal-Pädagogik" gerne eine Passage eines Traumes, der von dem Theologen und Religionsphilosophen Romano Guardini (1885-1968) beschrieben wurde. In dem Text von 1964 beschreibt dieser, ihm sei gesagt worden, wenn ein Mensch geboren würde, werde ihm ein Wort mitgegeben:

„Nicht nur eine Veranlagung, sondern ein Wort. Das wird hineingesprochen in sein Wesen, und es ist wie ein Passwort zu allem, was geschieht. Es ist Kraft und Schwäche zugleich. Es ist Auftrag und Verheißung. Es ist Schutz und Gefährdung. Alles, was dann im Gang der Jahre geschieht, ist Auswirkung des Wortes, ist Erläuterung und Erfüllung.

Und es kommt darauf an, dass der, dem es zugesprochen wird – jeder Mensch, denn jedem wird eines zugesprochen –, es versteht und mit ihm ins Einvernehmen kommt. Und vielleicht wird dieses Wort die Unterlage sein zu dem, was der Richter einmal zu ihm sprechen wird."

Aus: Berichte über mein Leben – Autobiographische Aufzeichnungen.
Aus dem Nachlass hrsg. von Franz Henrich, Düsseldorf 1984. S. 20.

In der Zeit, als man immer häufiger im Blick auf Computer von Passwörtern sprach, durch die man Zugang zu PC und Dateien bekam, machte es Werner Krimm sichtlich Freude, die Botschaft vom Persönlichen Ideal des Menschen als „Passwort" zu verkünden. Dass der Gedanke vom Passwort von Guardini beschrieben wurde, kommentierte er mit Vergnügen: Guardini war in Mainz aufgewachsen, hatte die gleichen Lebensdaten wie Pater Kentenich, 1885 bis 1968, und studierte, bevor er zur Theologie kam, zunächst fünf Semester Chemie und Nationalökonomie.

Was Werner Krimm zum Persönlichen Ideal den anderen sagte, war ihm für sich selbst genauso ernst. Bereits in den 1950er Jahren, als er die Schönstatt-Bewegung und damit auch das religiöse und pädagogische Konzept des Persönlichen Ideals kennenlernte, mühte er sich darum, sein eigenes zu finden und danach zu leben. Er schaute seine Fähigkeiten und Aufgaben, besonders aber seinen Lebensweg an, um darin Hinweise auf sein persönliches Passwort zu finden.

Bereits am 3. August 1950 notierte er einen ersten Versuch, sein Persönliches Ideal zu formulieren: *„Persönliches Ideal: Maria zu eigen, Träger Christi!“* Sein pädagogisches Interesse an dem, was ihm in der Theologengruppe angeboten wurde, setzte er also gleich im Blick auf sich selbst um. Zwei Grundmotive, die ihn sofort berührten, sind in dieser Formulierung festgehalten: Jesus und Maria. Beide Motive vertieften sich bis zu seinem Lebensende immer mehr, variierten in der einen oder anderen Weise und führten schließlich zu einer endgültigen Formulierung.

In einem Notizheft, in das er zwischen 1958 und 1984 immer wieder wichtige Erkenntnisse niederschrieb, zeigt sich sein Ringen um sein Persönliches Ideal. Letztlich blieb es bei der Formulierung:

Puer patris et matris –
ignis ardens caritatis

Kind des Vaters und der Mutter -
brennendes Feuer, Feuerbrand der Liebe

Das Jesus-Motiv wird also neu gefasst im leidenschaftlichen Motiv des Feuers der Liebe. Darin greift Werner Krimm die große Zahl biblischer Bilder auf, in denen Feuer einer Rolle spielt, vom brennenden Dornbusch (Ex 3) über die Feuersäule (Ex 13,21) beim Auszug aus Ägypten bis zur Rede von der Feuertaufe durch den Heiligen Geist (Mt 3,11) und von den Feuerzungen an Pfingsten (Apg 2,3). In der konkreten Formulierung wird ihm eine der bekanntesten Passagen aus einem Lied geholfen haben, das Pater Kentenich in Dachau gedichtet hatte:

> Feuerbrand, der Christus glüht,
> lodernd helle Funken sprüht,
> bis die Welt als Flammenmeer
> brennt zu des Dreifaltigen Ehr'.

Zölibat

An dieser vielleicht ungewöhnlichen Stelle soll auch über den priesterlichen Zölibat, wie ihn Werner Krimm verstand und lebte, gesprochen werden. Es war für ihn eine ausgemachte Sache, dass Sexualität nicht einfach eine Vitalfunktion ist, die von einem zölibatär lebenden Menschen irgendwie bewältigt werden muss. Sexualität war für ihn eine den ganzen Menschen durchdringende Grundkraft menschlichen Lebens, die vom Priester in gesunder und zugleich geistlicher Weise in seine Persönlichkeit integriert werden soll.

Werner Krimm war im besten Sinn des Wortes ein sinnlicher Mensch. Mit großer Wachheit nahm er seine Umwelt und das Leben wahr. Für ihn war es klar, dass eine ganze Reihe von Bedingungen erfüllt sein muss, damit ein Mensch einen zölibatären Lebensstil leben kann. Zu diesen Bedingungen gehörte es, gerade die positiven Seiten des Lebens zu sehen und in sich aufzunehmen.

Für ihn war der Zölibat eine lebenslange Aufgabe und Anstrengung, die immer wieder auf dem Priester lastet und neu gestaltet werden will. So gab er für seine eigene Person freimütig zu: *„Ich muss sagen, der Zölibat ist manchmal ein wirkliches Kreuz!"*

Er schloss sich auch Aussagen mancher Mitbrüder an, die meinten: *„Nicht verheiratet zu sein und nicht mit einer Frau zusammenleben zu können, ist schwierig. Dazu kommt aber das noch schwierigere Problem, keine eigenen Kinder zu haben."* Somit kamen für Werner Krimm Verharmlosungen der priesterlichen

Lebensform nicht in Frage. Aussagen von manchen jungen Priestern, der Zölibat mache ihnen nichts aus, waren für ihn fragwürdig, wenn nicht sogar suspekt.

Der Kern des Zölibats

Für ihn war der Dreh- und Angelpunkt, auf dem ein zölibatäres Leben ruhte, die persönliche Beziehung zu Jesus Christus. Damit war eine Beziehung gemeint, die sich ganz konkret auf den Menschen Jesus von Nazaret richtet, der der erhöhte Christus ist. Diese Beziehung drückt sich im Gebet, in der Feier der Eucharistie und in einem persönlichen Miteinander, auch in Gefühlen der Freundschaft und Gefährtenschaft aus.

Eine Eigenart in der Sprechweise von Werner Krimm war, dass er weniger den Begriff Zölibat verwendete, sondern den der Jungfräulichkeit. Das lateinische Herkunftswort caelebs für „unvermählt, ehelos" und caelibatus für „Ehelosigkeit" empfand er als eine formale Feststellung der Lebensumstände, von der man nicht leben könne. „Jungfräulichkeit", als Wort zunächst scheinbar eher für Frauengemeinschaften geeignet, fand er positiver, inhaltlich reicher und genauso für Männer relevant. Er verstand darunter die unverstellte Offenheit gegenüber Gott, wie sie in besonderer Weise in Maria dargestellt ist. Maria als das „unverdorbene Konzept" (Ida Friederike Görres), wie Gott den Menschen gedacht hat, war Werner Krimm Vorbild und Schwester im Ringen um die Reinheit des Herzens vor Gott und den Menschen, aber mehr noch Mutter, die unter dem Kreuz Johannes anvertraut war.

In Freundschaften leben

Damit gelungener Zölibat gelebt werden kann, gehört aber auch die Pflege von Freundschaften hinzu, vielleicht auch die Mitgliedschaft in einer Priestergemeinschaft. Er wehrte sich gegen Aussagen einiger Mitbrüder, die behaupteten, Priestergemeinschaften seien eher für schwache Persönlichkeiten sinnvoll oder notwendig.

An den bereits erwähnten Grundsatz „Nie mehr als die Hand“ hat sich Werner Krimm ein Leben lang gehalten. Selbst bei guten Freunden oder vertrauten Mitarbeitern gab es tatsächlich nie mehr als die Hand.

Diesen Grundsatz erweiterte Werner Krimm für sich in seiner Priestergemeinschaft. Ihr war von Pater Kentenich der pädagogische Imperativ gegeben: „innerliche Unbefangenheit, äußere Unberührtheit“. Der Grundsatz war für ihn darum so wichtig, weil noch so gut gemeinte körperliche Kontakte zu Irritationen, Unsicherheiten und Missverständnissen in einer seelsorglichen Beziehung führen können. Aber auch die Klarheit in anderen persönlichen Begegnungen war ihm wichtig. Damit der Zölibat nicht zu einer Quelle der Unzufriedenheit und der Frustration, sondern eine Quelle für segensreiches, authentisches priesterliches und pastorales Wirken wird, spielt diese Klarheit eine wichtige Rolle.

Perspektiven, die ihn prägten

Im Folgenden werden nun einige Themen vorgestellt, die für Werner Krimm eine herausragende Bedeutung hatten. Es sind Themen, die immer mit dem konkreten Leben und dessen religiöser Dimension zu tun haben. Theoretische Themen wertete er in keiner Weise ab. Mit einem gewissen Stolz verwies er immer wieder einmal auf sein Studium der Mathematik und Physik. Sein theologisches Wissen, das in vielen seiner Vorträge und Predigten durchschien, zeigte, dass er sich sehr wohl auf dem Parkett abstrakten Denkens und Spekulierens bewegen konnte. Doch war das Voraussetzung dafür, was für ihn das Eigentliche war: Leben und Glauben, oder genauer: Glauben im Leben.

Seine wichtigen Themen waren allerdings keine Felder, die einfach nur nebeneinander gestellt werden sollten, sondern sie waren aufeinander bezogen. Man könnte sie mit kommunizierenden Röhren vergleichen: Wenn sich ein Themenbereich verändert oder verschiebt, hat das Einfluss auf alle anderen Themenbereiche. Man könnte seine Grundintuition so beschreiben: Alle wichtigen Themen waren für ihn Perspektiven auf den einen Zentralwert, wie das jeweilige Leben der Menschen im vollen Sinne ernst genommen und wertgeschätzt werden kann und genau darin die Spuren Gottes entdeckt werden können.

Ergriffen von der Zeitenwende

Von Pater Kentenich hatte Werner Krimm die Vorstellung übernommen, dass wir in einer umfassenden Zeitenwende leben, auf die wir uns als glaubende Menschen einstellen müssten. Die Menschen unserer Zeit ständen in einer „Zeitenwende von geschichtlichem Ausmaße“. Von einer solchen Wende könne und müsse man sprechen, „wenn ein Menschenbild, das eine Zeit beherrscht, sein Gesicht bedeutsam ändert“ (Oktoberbrief 1949). Pater Kentenich sagte dies aufgrund der Erfahrungen zweier Weltkriege und aufgrund seines Aufenthaltes in der „Hölle von Dachau“.

Kultureller Umbruch

Werner Krimm übernahm aber nicht einfach die Sprechweise von einer Zeitenwende, sondern versuchte, das Gemeinte kreativ und mit Hilfe von jeweils aktuellen Zeitdiagnosen möglichst gegenwartsbezogen zu formulieren. So hatte er beispielsweise, wohl in den 1970er Jahren, in Artikeln gelesen, der gegenwärtige gesellschaftliche Wandel sei so tiefgreifend, dass er nur verglichen werden könne mit dem Übergang von einer Jäger- und Sammlerkultur zu einer Kultur, in der die Menschen sesshaft wurden und Ackerbau, Viehzucht und Vorratsspeicherung betrieben. Gemeint war damit der Übergang zweier Epochen vor etwa 12.000 Jahren in der sogenannten neolithischen Revolution.

Viele seiner Vorträge und Vortragsreihen begannen mit dieser Zeitdiagnose. Er betonte, dass wir nicht in einer Zeit leben, in der alle Entwicklungen nur so vor sich hinplätschern. Unsere Zeit sei vielmehr durch einen Umbruch gekennzeichnet, der auch das Leben der Kirche ergriffen hat, den es aber zu gestalten gelte.

Auftrieb bekam die Perspektive der Zeitenwende, als das Buch „Wendezeit“ von Fritjof Capra erschien. Das Buch, das von einem neuen Weltbild sprach und bald zu einem regelrechten Kultbuch avancieren sollte, war für Werner Krimm ein willkommenes Medium, um über seine Vision von der Zukunft der Menschen, von einem neuen Menschen in einer neuen Gesellschaft, zu sprechen.

Buchcover Capra.

Langsamer Übergang

Pater Kentenich hatte in seinem Oktoberbrief 1949 den Übergang von einer Epoche zur anderen so definiert: „Weil die Geschichte ein originelles Ganzheitsgebilde ist, sind die Übergänge von einem Zeitalter zum anderen nicht unvermittelt. Beide fließen vielfach längere Zeit ineinander über und bewirken deswegen Krisen."

Der Beginn dieses Zerfallsprozesses wird mit dem Jahr 1914 angesetzt, dem Beginn des ersten Weltkrieges, das ja auch zugleich das Gründungsjahr Schönstatts war. Was damals sich erst andeutete, wurde im Laufe des Jahrhunderts immer offensichtlicher.

Genau das griff Werner Krimm auf, wenn er über das Motiv der Zeitenwende sprach. Er war umso mehr von dessen Richtigkeit überzeugt, als er nach dem Tod Pater Kentenichs die Umbrüche der 1968er Generation erlebte: Das neue Zeitalter, die neue Geschichtsepoche ist geprägt von der Auflösung und Überwindung bisher geltender Vorstellungen und Normen, Autoritäten und Überzeugungen. Es ist das, was mit dem Begriff der „Postmoderne" gemeint ist.

Den Wandel konnte Werner Krimm in der Begleitung unzähliger Menschen erfahren. In den vielen Lebensgeschichten zeigte sich ein Ringen um Werte und Lebensformen, ein Ringen, das es in fest geprägten Milieus so kaum gab. An den Reaktionen der Menschen, an der Umstellung derer Lebensüberzeugungen und Lebensweisen, besonders denen seiner Schüler und der Jugendlichen in der Jugendarbeit, konnte er die Zeitansage Pater Kentenichs bestätigt finden.

Wenn er, wie bereits angedeutet, in Vorträgen anonymisiert aus Briefen zitierte, die er im Rahmen der Geistlichen Begleitung erhalten hatte, wollte er jene Zeitdiagnose am konkret gelebten Leben der Menschen verifizieren. So wurde klar: Hier geht es nicht nur um geschichtsphilosophische Erwägungen oder soziologische Zeitdiagnostik, sondern um Vorgänge, die das alltägliche Leben der Menschen bestimmen und zunehmend prägen.

Der gläubige Umgang mit der Zeitenwende

Für Werner Krimm war so wenig wie für Pater Kentenich diese gesellschaftliche Situation Anlass zum Jammern und Klagen. Pater Kentenich zeigte einen gläubigen und geschichts-optimistischen Umgang mit der Zeitenwende auf. In einer Studie von 1949 schreibt er:

„Gott ist ein Gott des Lebens ... Wo er brechen und zerbrechen, wo er untergehen, wo er sterben lässt, da will er neues Leben schaffen. ... So muss das Saatkorn erst sterben. Es muss untergehen, dann bringt es viele Frucht. Legen wir diesen Maßstab an die heutige Zeit an, lassen wir die furchtbaren Trümmer, die schrecklichen Verheerungen auf uns wirken, die uns allenthalben in der physischen, in der moralischen, in der geistigen Ordnung begegnen, so möchten wir den Atem anhalten. Transitus Domini est (Es ist Vorübergang des Herrn). Es muss eine herrliche neue Welt sein, die er aus diesem gewaltigen Sterben erstehen lassen, es muss eine wundersame Ordnung sein, die er aus den Katastrophen und Ruinen neu gestalten will."

Diese Deutung gesellschaftlicher und kirchlicher Umbrüche hatte sich Werner Krimm zu eigen gemacht. *„Weg mit allem Pessimismus!"* war eines der Zitate Pater Kentenichs, das er immer wieder in Vorträgen, aber genauso in der Begleitung Einzelner der Resignation und Schwarzseherei entgegensetzte.

Zur Auflockerung so schwerwiegender Überlegungen verwendete Werner Krimm öfter ein jüdisches Sprichwort: *„Der Mensch dachte, und Gott lachte."* Wenn er diesen Satz aussprach, strahlte er selbst übers Gesicht, so als wolle er sich dem Lachen Gottes anschließen.

Zeitdiagnose gläubig weiterschreiben

Für Werner Krimm war Zeitdiagnostik nie eine abgeschlossene Sache. Hinweise auf historische Umbrüche bis hin zu den Umwälzungen der 1960er Jahre führten immer zu den Fragen: An welchen Lebensvorgängen erkennen wir diese Umwälzungen? Welche Auswirkungen haben sie auf das Leben der Einzelnen, der Gesellschaft, der Kirche? Und wohin führen sie uns? Die Studie von Dennis und Donella Meadows über „Die Grenzen des Wachstums", die 1972 für den „Club of Rome" erstellt worden und Anstoß für die Umweltbewegung war, sprach von der Gefahr, wenn die Menschen weiter wie bisher mit ihrer Erde umgehen. Werner Krimm war hell wach für Paradigmenwechsel, die sich in solchen und ähnlichen Veröffentlichungen andeuteten.

Buchcover Meadows.

In seiner sich ständig zu aktualisierenden Zeitdiagnostik folgte er seinem naturwissenschaftlichen Interesse, das sich auch in seinem Studium der Mathematik und Physik gezeigt hatte. Offen und wach nahm er Entwicklungen wahr und schätzte deren Auswirkungen ab. So war für ihn beispielsweise die Entwicklung der Gentechnik bereits ein Thema: Welche Fortschritte ergeben sich aus der Entschlüsselung der DNA, der gentechnischen Veränderung von Pflanzen und Menschen? Kann man Patente auf solche Veränderungen anerkennen? Als 1996 das geklonte Schaf Dolly geboren wurde, war er beeindruckt.

Daran schlossen sich für ihn ethische Fragen an. Der Weg von geklonten Tieren zum geklonten Menschen konnte nicht weit sein. Darf der Mensch alles, was er technisch kann? Die Frage ist nicht: Wo ist die Grenze des Wachstums?, sondern: Wo liegt die Grenze, die der Mensch nicht überschreiten soll und darf, selbst wenn er sie seinem Knowhow nach überschreiten könnte?

Freiheit geht über alles

Hier deutet sich eine weitere Perspektive an, die Werner Krimm ein Leben lang beschäftigte: die Freiheit des Menschen. Wie bereits gezeigt, war die Gewinnung der Freiheit eines seiner eigenen, wichtigsten Lebensthemen. Er hatte selbst die Erfahrung gemacht, wie sehr ein Mensch unter starren, verhärteten Lebensstrukturen und unter einer verkrusteten Prinzipienreiterei leiden kann. Wenn er also in vielen Vorträgen und persönlichen Begleitungsprozessen betonte *„Nichts geht über die Freiheit eines Menschen!“*, dann war das auch ein Ergebnis seiner persönlichen Lebenserfahrung.

Das Thema Freiheit begleitete ihn allerdings bereits seit seiner Studienzeit intensiver. In einem Exzerpt aus dem Buch „Welt und Reich“ von Georg Wehrung (Stuttgart 1952), das er zu einer Vorlesung im Fach Sozialethik erstellte, zitiert er (Seite 14): „Hier im Christentum ist das Recht der subjektiven Freiheit, die den Wende- und Mittelpunkt im Unterschiede des Altertums und der modernen Welt bezeichnet, in seiner Unendlichkeit ausgeprägten und zum allgemeinen, wirklichen Prinzip einer neuen Form gemacht.“

Zur gleichen Zeit schrieb er während einer Führungstagung der Theologengemeinschaft in Schönstatt im September 1953 während eines Vortrages mit:

> *„Wenn man das Organisationsprinzip dieser neueren Vereinigungen [der Geistlichen Bewegungen] näher fassen wollte, so müsste man sagen: ‚Freiheit und Geistpflege so viel wie möglich, Bindung nur aber soweit wie nötig‘. Kann man wirklich auf diesem Prinzip eine Bewegung aufbauen? Man kann die Einwände, die erhoben werden, in zwei Gruppen zergliedern: Die erste Gruppe, sie steht im konservativen Lager und sieht das Neue unter dem Gesichtspunkt der alten Orden. Sie fragt: Wie soll eine Gemeinschaft auf diesen Grundsätzen errichtet werden? Bei so schwachen Bindungen, muss da nicht alles auseinanderfallen?*

Ist hier nicht jeder Willkür Tür und Tor geöffnet? Die andere Gruppe, das sind die Fortschrittlichen, die jegliche Bindung ablehnen. Sie sagen: Wozu überhaupt eine Gemeinschaft? Wozu Bindungen? Besonders weshalb diese innere Knebelung? Äußere Bindung wäre noch zu ertragen, aber diese innere Fessel, diese sog. Geistpflege ist unerträglich. Alles wird übernatürlich motiviert, auch der letzte Rest von Freiheit entfällt."

1963 hielt Werner Krimm einen Exerzitienkurs für Studentinnen, der vom Säkularinstitut der Frauen von Schönstatt organisiert wurde. Thema: „Die Freiheit als Aufgabe und Gefahr unserer Zeit." In der Zeit vor seiner Begegnung mit Pater Kentenich war das Thema der Freiheit für ihn also bereits deutlich präsent. In der Zeit kurz vor der Revolution gegen die Institutionen und gängigen Werte sprach er vor jungen Frauen von einem „Freiheitskampf".

Sein Schwanengesang

Das Thema der Freiheit zieht sich wie ein roter Faden durch das Leben von Werner Krimm, genauso wie durch das, was er den Menschen in Ansprachen, Exerzitien und in der Geistlichen Begleitung mitgab. Wie sehr ihm die Freiheit am Herzen lag, kann man an der Thematik erkennen, die er wählte, als er sich zum letzten Mal in der breiten Öffentlichkeit der deutschen Schönstatt-Bewegung einbrachte. Man hatte ihn gebeten, während der jährlich wiederkehrenden Tagung der Bewegung, der „Oktoberwoche", im Jahr 1994 einen halben Tag inhaltlich zu gestalten. Er wählte gleichsam als Schwanengesang seines Lebens und pädagogischen Wirkens das Thema „Freiheitserziehung als Liebeserziehung".

In der Einführung seines Referates formuliert er: *„Der moderne Mensch ist hineingeworfen in die Freiheit, und sie zu bewältigen ist ihm aufgegeben."* Früher habe sich der Christ gefühlt wie „stehend in einer Kathedrale", heute fühle er sich stehend „wie im freien Feld".

„Wie aber reagieren die Menschen auf diese Freiheit? Die einen bekommen Angst, andere wieder sind dankbar, die einen zerbrechen daran und geraten in Ausweglosigkeit und Sinnleere, andere wieder können sie gestalten und finden Sinn für ihr Leben."

Die Sätze fassen seine seelsorglichen Erfahrungen zu dieser Perspektive zusammen. Er zitiert Bischof Karl Lehmann aus dessen Fastenhirtenbrief des Jahres 1992:

„In der modernen Gesellschaft gibt es viel mehr Freiheit und viel mehr Möglichkeiten für den einzelnen Menschen als früher. Dies bedeutet nicht nur, dass man heute frei aus einem großen Angebot auch von Religionen wie einem ‚Markt der Möglichkeiten' auswählen kann, sondern betrifft auch die Gestaltung des eigenen Lebensstils und der Lebensform. Damit ist nicht nur Kleidung und Mode gemeint: Mancher schneidert sich auch seine Weltanschauung aus vielen Flicken und Versatzstücken. Die Zunahme von nicht ehelichen Lebensgemeinschaften und anderen neuen Formen des Zusammenlebens ist ein weiteres Zeugnis. Diese neuen Freiheiten offenbaren freilich auch oft eine Schattenseite, dass nämlich die einzelnen Menschen die Geborgenheit in festgefügten verlässlichen Gemeinschaften verlieren."

Diese Aussagen verdeutlicht er – wieder einmal – an einem Brief, den ihm ein Student geschickt hat. Dieser spricht von einer Freiheitsnot: „Ich bin auf der Suche nach neuen Formen des Glaubens, nach meinen Formen, und ich möchte die Freiheit haben, mitzugehen, Fragen offenlassen zu können, mit einem Augenzwinkern und mehr Leichtigkeit und Humor die Dinge zu betrachten."

Das Thema Freiheit in der Schönstatt-Bewegung

„Wahre Freiheit ist ein Kernstück unserer Geistigkeit. Darum hat sie uns alle Jahre hindurch beschäftigt. Sie wird es auch in Zukunft tun." Mit diesen Worten Pater Kentenichs beginnt er einen Durchgang durch die Geschichte der Bewegung: Schon 1912 war

Pater Kentenich darauf bedacht, den Freiheitsdrang der Schüler des Gymnasiums ernst zu nehmen. Die Gründung der Bewegung 1914 ist zu verstehen als ein Angebot der Freiheit. Die Gründung des „Apostolischen Bundes“ 1919 in Dortmund-Hörde überlässt Pater Kentenich jungen Menschen, ohne selbst anwesend zu sein. Seine Gefangenschaft im KZ Dachau interpretierte er als seinen Beitrag für die innere Freiheit seiner geistlichen Familie. Sein von der Kirche verordnetes 14-jähriges Exil in Milwaukee/USA sieht er als Siegeszug der Freiheit, in dem das Wirken Gottes deutlich werden konnte.

Blick in die Weite – 1993 Fahrt zu den Aran Islands – Irland.

Werner Krimm schließt diesen Durchgang durch die Geschichte der Gemeinschaft ab mit der Aussage: *„Diese Freiheitshaltung ist bei unserem Vater auch spürbar gewesen nach seiner Rückkehr aus der Verbannung: Bei einer Gelegenheit gab er mir einen Rat, fügte aber gleich an: ‚Das können Sie so machen, das müssen Sie aber nicht.‘“*

Vor allem aber die Liebe

Freiheit allein kann allerdings zu Willkür und Chaos führen, wenn sie nicht von der Liebe getragen wird. Darum wählt Werner Krimm bei jener Tagung 1994 den Titel „Freiheitserziehung als Liebeserziehung".

Der Titel beinhaltet zweierlei: Einmal versteht Werner Krimm die Freiheit nicht als einen Zustand, der einfach vorhanden ist oder gewährt werden muss. Sie ist eine Zielgestalt, auf die hin sich der Mensch bewegen kann. Und diese Bewegung benötigt Führung und Erziehung. Für die Erziehung von Kindern in Elternhaus oder Schule zeigt sich diese Notwendigkeit durch die dauernd neu zu suchende Balance von Freiheit und Grenzen. Die Suche nach dieser Balance ist aber keineswegs in der Kindheit oder Jugendzeit abgeschlossen, sondern bleibt eine lebenslange Aufgabe.

In der Freiheitserziehung liegen die wichtigen Fragen: Was ist die leitende Kraft und Motivation in dieser Erziehung? Und was ist das Ziel einer Freiheitserziehung? Werner Krimm gibt auf beide Fragen eine Antwort: die Liebe. In der elterlichen Erziehung mag es vielleicht selbstverständlich sein, dass sie von der Liebe zu den Kindern und deren Lebensglück getragen sein soll. Für die religiöse Erziehung, für das Leben in der Kirche und erst recht für das Leben in Staat und Gesellschaft ist die Liebe als oberste Leitlinie durchaus nicht immer präsent. Inklusiv stellt sich damit Werner Krimm gegen das in der christlichen Tradition und mehr noch im gesellschaftlichen Kontext oft vorherrschende Motiv der Angst: Angst vor Strafe, Angst vor Autorität, Angst vor Gott.

Das Ziel der Freiheitserziehung ist die Befähigung zur Liebe. Das meint die Fähigkeit, die Wahl der Entscheidungen, die in einem Menschenleben anstehen, an der Liebe zu Gott, zu den Menschen und zu sich selbst auszurichten. Im Anschluss an Pater Kentenich ist für Werner Krimm die Liebe das „Weltgrundgesetz":

„Alles aus Liebe, durch Liebe, für Liebe." Pater Kentenich seinerseits orientiert sich am Denken des Franz von Sales und dessen Hauptwerk „Philothea", letztlich an den biblischen Aussagen über Gott als die Liebe, wie sie besonders in den Johannesbriefen zu finden sind. Christologisch gewendet, ist die Grundlage eines solchen Ansatzes die Aussage: „Denn Gott hat die Welt so sehr geliebt, dass er seinen einzigen Sohn hingab, damit jeder, der an ihn glaubt, nicht verloren geht, sondern ewiges Leben hat." (Joh 3,16)

Der Glaube an Gottes Vorsehung

Die Vorstellung von Gott und seinem Wirken in der Welt ist wesentlich und zuerst geprägt von der Eigenschaft der Liebe. Das begriff Werner Krimm aber nicht als eine theoretisch-theologische oder abstrakte Aussage, sondern als erfahrbare Wirklichkeit. Gott hat als Höhepunkt seiner heilvollen Geschichte mit der Welt und den Menschen, „als die Zeit erfüllt war" (Gal 4,4), seinen Sohn als unüberbietbaren Ausdruck seiner Liebe in die Welt gesandt. Doch ist damit seine Heilsgeschichte nicht an ein Ende gekommen, sondern wirkt fortlaufend in die Kirche und Welt hinein.

Das lässt fragen: Wie ist es möglich zu erfahren, dass und wie Gott in dieser Welt und speziell in jedem Menschenleben handelt? Mit der Antwort auf diese grundlegende Frage des Glaubens stellt sich Werner Krimm in die Tradition Pater Kentenichs: *„Unsere Weltanschauung ist der praktische Vorsehungsglaube."*

Der besonders durch den Nationalsozialismus missbrauchte und dadurch ins Zwielicht geratene Begriff der Vorsehung Gottes muss dabei eigens bedacht werden. Der ursprünglich aus dem griechischen Denken stammende Begriff der göttlichen Vorsehung (πρόνοια, lateinisch: providentia) hat in der Theologie eine wechselhafte Geschichte erlebt. Bei Werner Krimm meint der Begriff im Anschluss an Pater Kentenich folgendes.

Vertrauen

Aufgrund der Verheißungen Gottes, dass er sein Volk und damit auch die einzelnen Menschen begleitet, kann der Mensch Gott glauben und vertrauen. Er darf hoffen, dass Gott zu den Verheißungen, die er Israel und dann in unüberbietbarer Weise in Jesus Christus geschenkt hat, in Treue stehen und sie zur Vollendung führen wird.

Werner Krimm war im Rahmen seiner persönlichen Studien auf das Geschichtskonzept des französischen Jesuiten Pierre Teilhard de Chardin (1881-1955) gestoßen. In seinem Werk „Der Mensch im Kosmos" (Le Phénomène humain, 1955) bringt dieser die naturwissenschaftliche Evolutionstheorie und die christliche Heilsgeschichte zu einer Synthese: Am Ende aller Entwicklung der Welt- und Menschheitsgeschichte steht als deren Ziel Jesus Christus als der „Punkt Omega". Mit großer Begeisterung wählte Werner Krimm über viele Jahre hinweg diesen Ansatz, um den Glauben an Gottes zielgerichtete Begleitung und Vorsehung zu erläutern: Wir dürfen darauf vertrauen, dass Gott uns durch alle Unwägbarkeiten des Lebens und der Geschichte letztlich zur Vollendung führt.

Als Negativfolie verwandte Werner Krimm einen anderen Ansatz, um sich dem Thema zu nähern. Die 1966 im „Spiegel" veröffentlichte Todesanzeige, in der im Anschluss an Nietzsche der „Tod Gottes" festgestellt wurde, hatte ihn provoziert, sich intensiv mit dem Glauben an Gottes Handeln in der Welt und mit dem Glauben an seine zielführende Vorsehung auseinanderzusetzen.

Werner Krimm lebte in der festen Überzeugung, dass die Heilsgeschichte nicht mit den Schriften des Neuen Testaments abgeschlossen ist, sondern sich immer wieder neu ereignet in der Geschichte der Menschheit, in der Kirchengeschichte und in der persönlichen Geschichte jedes Menschen. Gott war für ihn ein Gott des Lebens und der Geschichte.

Sein Glaube stützte sich auf die biblischen Glaubenserfahrungen. Der „Gott Abrahams, Isaaks und Jakobs“, der an den Patriarchen des Alten Testaments handelte und sich als Begleiter- und Befreier-Gott des Volkes Israel erwies, ist auch heute erfahrbar. Der absolut transzendente Gott tritt in seinem Sohn Jesus Christus in die Wirklichkeit des Menschen und seiner Geschichte ein. Diese Ungeheuerlichkeit beschreibt Paulus in 1 Kor 2,9: „Wir verkünden, wie es in der Schrift steht, was kein Auge gesehen und kein Ohr gehört hat, was in keines Menschen Herz gedrungen ist, was Gott denen bereitet hat, die ihn lieben.“

Die vergessene Lehre von den Zweitursachen

Um den Glauben an das Handeln Gottes in der Welt philosophisch und theologisch zu fassen, brachte Pater Kentenich die Lehre von den „Zweitursachen“ ins Spiel. Es handelt sich dabei um ein Konzept, das heute kaum mehr in einem theologischen Buch zu finden ist, aber eine lange Tradition (Aristoteles, Thomas von Aquin u. v. a.) hinter sich hat. Ohne an dieser Stelle das Konzept breit vorstellen zu können, so viel:

Gottes Handeln in der Welt geschieht in der Regel nicht dadurch, dass er in außergewöhnlicher Weise in die Gesetze der Natur und der Geschichte eingreift oder sie gar außer Kraft setzt. In seiner Schöpfung hat Gott diese Gesetze eingeschaffen und will, dass sie sich in ihrer Autonomie und Eigengesetzlichkeit und nach dem freien Willen des Menschen weiterentwickeln (vgl. Gaudium et spes, 36). Doch bleibt Gott nicht außen vor, wie es das Konzept des Deismus lehrt, sondern er bleibt dauernder Begleiter und Führer durch die Geschichte. Gott ist und bleibt die „Erstursache“ hinter allen Geschehnissen. Menschen, Dinge, Ereignisse, die „Zeichen der Zeit“ sind die „Zweitursachen“, hinter denen sich Gott in geheimnisvoller Weise verbirgt.

Pater Kentenich war es ein großes Anliegen, Menschen anzuleiten, aus dem Glauben an die Vorsehung zu leben. Darum spricht er von einem „praktischen Vorsehungsglauben“, einem Glauben, der in den Menschen, Dingen und Ereignisses der großen Geschichte und des Alltags Gottes Spuren entdeckt. Hierin steht er besonders in der Tradition eines Ignatius von Loyola und Franz von Sales.

Diese Suche nach den Spuren Gottes bleibt jedoch immer nur ein Tasten oder Ahnen, bleibt unabgeschlossen, fragwürdig. Gottes Führung erscheint manchmal unbegreiflich. Oft kann der Mensch nur im Rückblick Zusammenhänge erkennen. Auch ist mit negativen Einflüssen zu rechnen, sodass der Weg in einem Hell-Dunkel verläuft.

Spiritualität trifft Pädagogik

An dieser Stelle nun setzte das besondere pädagogische Interesse Werner Krimms an. Er war erfüllt vom praktischen Vorsehungsglauben, doch stellte er sich immer wieder die Frage, wie er den „Gott des Lebens“ so verkünden könnte, dass er tatsächlich die Menschen erfasst.

Im Jahr 1967 startete er in den Sommerzeltlagern der verschiedenen Gemeinschaften, in der Schönstattjugend allerdings mit besonderer Intensität, einen Versuch. Er wollte die Kinder und Jugendlichen dazu führen, am Abend nicht nur allgemein Gott für den Tag zu danken, sondern ihre konkreten Erfahrungen auf das Wirken Gottes hin zu betrachten.

Am Lagerfeuer teilte er Zettel und Stifte aus mit der Bitte, auf den Zetteln eine besondere Erfahrung des Tages zu schreiben. Wie mit einem Kollektenkörbchen sammelte er die beschriebenen Zettel ein und sicherte den Jungen Diskretion zu. Dann las er beim Schein der Taschenlampe Zettel für Zettel vor und kommentierte in zurückhaltender Weise, was die jeweiligen Erfahrungen bedeuten könnten, ob darin vielleicht ein Wink Gottes gefunden werden oder gar eine Antwort des Schreibers angeregt sein könnte.

Erfahrungen in Zeltlagern und auf Tagungen.

Die Jungen saßen in angespannter Stille um das Feuer und hörten zu. Sie empfanden es als eine besondere Wertschätzung, dass ihre persönliche Erfahrung gewürdigt und kommentiert wurde. Diese Runden am Abend wurden zu besonders feierlichen und begehrten Stunden der Zeltlager.

Werner Krimm spürte deutlich, dass diese Art des praktischen Glaubens irgendwie der Mentalität der Jugendlichen entsprach und eine theologische Erkenntnis gleichsam zum Leben erweckt wurde. Spiritualität blieb nicht nur ein Gedanke, sondern wurde pädagogisch umgesetzt.

Bei der nächsten Begegnung mit Pater Kentenich brachte Werner Krimm die vielen beschriebenen Zettel mit und fragte, ob der praktische Vorsehungsglaube auf diese Weise in die Praxis umgesetzt werden könnte. Pater Kentenich bestätigte das und bestärkte ihn darin, in dieser Weise weiterzuarbeiten.

Werner Krimm berichtete später, dass Pater Kentenich, der gerade in einem Kurs der Marienschwestern Exerzitien hielt, die Zettel zum nächsten Vortrag mitgenommen und den Schwestern vorgelesen habe. So nahm eine geistliche Initiative und Strömung in der Schönstatt-Bewegung und darüber hinaus ihren Anfang.

Eine Idee zieht Kreise

Bald zeigte sich, dass das Zettelschreiben nicht nur eine geeignete Methode war, sondern ein Medium, das den lebendigen Glauben konkret werden ließ. Hier wurde Heilsgeschichte, wie sie uns in den Schriften der Bibel entgegenkommt, in eigener Weise weitergeschrieben.

Der Vorgang weckte Leben und Kreativität. Bald entwickelten und kopierten Jugendliche für diese Abende Zettel, auf denen ein Fernsehapparat zu sehen war. Sie wollten am Abend eine „Tagesschau" halten und das Wirken Gottes in den Vorgängen ihres

Lebens und der Welt betrachten. Gruppen und Kreise begannen, ihre Tageserlebnisse aufzuschreiben und sich gegenseitig zuzuschicken. Nicht nur bei Zeltlagern, sondern bei verschiedenen Tagungen und Treffen wurde diese Art des geistlichen Austausches Brauch.

Wie sehr dieser Brauch auch mit jugendlichem Spaß verbunden war, zeigt folgende Geschichte: Eine Gruppe der Jugendlichen hatte Pater Kentenich einen Besuch in Schönstatt abgestattet. Dieser schenkte ihnen eine große Schachtel Pralinen: 500 Gramm „Wappenklasse", können sich noch heute damalige Jugendliche erinnern. Als die Pralinen in einer Runde verspeist waren, kam einer der Jugendlichen auf die Idee, daraus einen „Realitäten-Kasten" zu basteln, in den man bei den abendlichen Runden seine Zettel stecken konnte.

Wie bei allem, was Werner Krimm anpackte, lebte er auch und zuerst selbst diese Praxis. In seinem Nachlass fanden sich Stapel von Blättern, die sich die Mitglieder seines Kurses der Priestergemeinschaft gegenseitig zugeschickt hatten. Es ist ein überzeugendes Zeugnis dafür, wie eine Idee zu Leben wurde – und das über Jahrzehnte hinweg.

„Realitäten"

Bald bekam dieser geistliche Vorgang auch einen Namen. Werner Krimm war das Buch der Oberin der evangelischen Marienschwestern in Darmstatt, M. Basilea Schlink, „Realitäten. Gottes Wirken heute erlebt" (1. Auflage 1962) in die Hände gefallen. Die Gemeinschaft hatte in ihrem Klostergarten Stätten im Heiligen Land nachgebaut, um zu verdeutlichen: Heilsgeschichte ereignet sich heute und hier bei uns und in unserem Leben. Es ist die Gemeinschaft, die an den meisten Stätten in Israel und anderswo Tafeln mit meditativen Texten angebracht hat.

Buchcover Schlink.

„Realitäten“ meint in diesem Buch die Realität Gottes hinter den Realitäten des Lebens und der Welt. Es beschreibt genau das, was der praktische Vorsehungsglaube meint, in vielen kleinen Ereignissen des alltäglichen Lebens. Es dokumentiert die Erfahrung, dass das Vertrauen auf Gottes Führung und Begleitung sich in diesem alltäglichen Leben bewährt. Von dort übernahm Werner Krimm diesen Begriff, und der Begriff wurde zu einem Markenzeichen in seiner Seelsorge.

Angefochten

Diese sehr konkrete Form des Glaubens blieb allerdings nicht unangefochten. So hieß es bald beispielsweise in manchen Kreisen etwa des Willigis-Gymnasiums, speziell der Lehrer, lapidar: „Der Krimm lässt von den Jungen und Jugendlichen Gotteserfahrungen aufschreiben.“ Es kam der Vorwurf der Vereinfachung des Glaubens: Gott handelt in der Welt und führt die Menschen – ja. Ihn aber auf solche kleine Ereignisse der Lebenswelt festnageln zu wollen, sei doch wohl zu einfach und naiv. Interessanterweise kamen diese Vorwürfe nicht zuletzt von Theologen, die sich von einer solchen Konkretheit des Glaubens unangenehm berührt fühlten. Zudem sei diese Art subjektivistisch. Glaube sei mehr als eine subjektive Erfahrung und eine mehr oder weniger willkürliche Deutung des Geschehens.

Werner Krimm nahm solche Vorwürfe ernst und suchte seinen Ansatz besonders durch biblische Texte zu stützen. In den Erzählungen des Alten und Neuen Testaments machen die Menschen im Vertrauen auf Jahwe vielfältige Erfahrungen, die sie als dessen Führung und Fügung verstehen und interpretieren. Doch dabei wird deutlich, dass das Vertrauen auf Gott die entscheidende Grundhaltung ist: „Glaubt ihr nicht, so bleibt ihr nicht!“ (Jes 7,9)

Der Vorwurf der Subjektivität an diese Art von praktischem Vorsehungsglauben und „Realitäten-Schau“ trifft genau. Diesem Vorwurf stellte Werner Krimm immer wieder die Aussage entgegen, Glaube müsse unbedingt subjektiv und ganz persönlich sein, sonst verliere er sich in einer abstrakten Lehre und habe letztlich keine Bedeutung für das Leben. Jeder Mensch kann sein Leben nur deuten aus den ihm zur Verfügung stehenden Verständnis- und Deutungskategorien, einschließlich dem Vergleich mit Aussagen der Heiligen Schrift. Falsch wird der subjektive Zugang zum Glauben dann, wenn der Einzelne seine Deutung zur Norm stilisiert.

Über den Tod hinaus

Die Nachhaltigkeit des Wirkens eines Menschen zeigt sich oft erst nach dessen Tod. Kein Teil des Wirkens von Werner Krimm hat sich so nachhaltig erwiesen wie seine Praxis des Vorsehungsglaubens. Man kann geradezu formulieren: Die Fruchtbarkeit seines seelsorglichen Wirkens zeigt sich am deutlichsten in dem, was sich nach seinem Heimgang gerade auf dem Feld des praktischen Vorsehungsglaubens weiter entwickelt hat.

Die Pastoralkongresse, die in den Jahren 2002, 2004 und 2006 in Schönstatt stattfanden, standen ganz unter dem Zeichen des praktischen Vorsehungsglaubens als christlicher „Welt-Anschauung“. Da dieser Begriff des praktischen Vorsehungsglaubens sich im heutigen Sprachgefühl als sperrig erweist, entstand in der Vorbereitung der Pastoralkongresse der Begriff der „Spurensuche“. Dieser Begriff verdeutlicht einerseits, dass man Gottes nicht habhaft werden kann, sondern nur Spuren seines Wirkens in der Welt gefunden werden können. Andererseits bleibt es immer eine Suche, ein Vermuten, ein Ahnen, dass und wie Gott in der Welt handelt.

Referat von Bischof Lehmann während des Pastoralkongresses 2002.

Beim Kongress 2002 hielt Kardinal Lehmann das Grundsatzreferat und schaltete sich in die rege Diskussion ein. Er kannte den Ansatz und die Praxis von Werner Krimm intensiver aus einer Begegnung, die er mit Mitgliedern des „Internationalen Josef-Kentenich-Instituts für Forschung und Lehre“ 1999 hatte. Damals war man darüber ins Gespräch gekommen, was die Geistlichen Bewegungen und besonders Schönstatt in die Pastoral heute einzubringen haben. In diesem Zusammenhang hatte Werner Krimm sein Konzept von den „Realitäten“ im Sinne des praktischen Vorsehungsglaubens vorgestellt. Kardinal Lehmann stellte die Frage, wie diese Art, konkret zu glauben, in den Gemeinden und bei den Menschen ankommen könne. Von dieser Begegnung her war Kardinal Lehmann mit der Fragestellung des Kongresses bestens vertraut.

Aus der Erfahrung, das Gemeinte in dem Begriff der „Spurensuche“ zu fassen, waren bereits im Jahr 2001 die Websites *www.spurensuche.info* und *www.spurensuche.de* entstanden. In Tausenden von Beiträgen entwickelten sich hier im Lauf der vergangenen 20 Jahre verschiedene Kategorien als Anregung: Meditationen, Gebete, persönliche Zeugnisse, Kommentare zu Ereignissen im Sinne der „Zeichen der Zeit“, Bildimpulse, Kirchen-Geschichten, Gottesdienste und vieles andere. Manche der Beiträge, die zunächst für den persönlichen Gebrauch gedacht waren, werden inzwischen von Verlagen für Meditationsbände oder von Gemeinden für ihre Pfarrbriefe verwendet.

Eine weitere Praxis-Linie, die sich in den vergangenen 15 Jahren entwickelte, ist die „Pastoral am Puls“, die besonders in den Reihen der Priestergemeinschaft von Werner Krimm entstanden ist. In dieser Art der Pastoral geht es darum, das Handeln Gottes in der Welt nicht nur an einzelnen Erlebnissen und Ereignissen zu entdecken, sondern zu einem wichtigen Ansatz der Pastoral zu machen. „Pastoral am Puls“ schreibt gleichsam die Apostelgeschichte weiter, wie Gott im Leben der Menschen, der Gemeinschaften und Gemeinden handelt. Unsere Aufgabe ist, wach auf die Spuren zu achten, die Gott durch Menschen, Dinge und Ereignisse setzt. Seelsorgliches Handeln von Einzelnen, haupt- und ehrenamtlichen pastoralen Mitarbeiterinnen und Mitarbeitern versteht sich dann als Antwort auf das

Wirken Gottes. In diesem Sinn sind alle „Mitarbeiter Gottes" (1 Kor 3,9; 2 Kor 6,1). Sie sollen im Nachvollzug der Apostelgeschichte einander berichten, „was Gott mit ihnen zusammen getan hat" (Apg 14,27) – so die Worte des Paulus und Barnabas in Antiochia.

Eine neue Kindlichkeit und Idealpädagogik

Der praktische Vorsehungsglaube hat nach Werner Krimm seine tiefste Wurzel in dem Vertrauen, dass Gott wie ein guter Vater und eine gute Mutter am Einzelschicksal der Menschen interessiert ist. Wie sehr dieses Vertrauen auf natürlichen Fundamenten als „praeambula fidei irrationabilia" (Linus Bopp) ruht, hatte er selbst in seiner Biographie erfahren. Zusätzlich haben ihn psychologische Ausführungen etwa von Erik H. Erikson beeindruckt. Nachdem dieser in seinem Werk „Identität und Lebenszyklus" die Rolle des Urvertrauens ausführlich behandelt hat, beschreibt er die Rolle dieses Urvertrauens im Blick auf ein Vertrauen Gott gegenüber (Ausgabe 1973, Seite 75): „Wer also behauptet, religiös zu sein, muss aus seiner Religion einen Glauben ableiten können, den er dem Kleinkind in Gestalt des Urvertrauens weitergeben kann. Wer behauptet, keine Religion zu besitzen, muss dieses Urgefühl aus anderen Quellen schöpfen."

Für Werner Krimm war das Kindsein vor Gott allerdings keine Haltung frühkindlicher Naivität. Erst wenn der Mensch auch die harten Seiten des Lebens erfahren hat, dass eben nicht alles nach seinem Willen läuft und er sich Vorgaben oder gar Zwängen beugen muss, kann dieses Kindsein vor Gott zu einem „erwachsenen Kindsein" reifen.

Diese Kindlichkeit und die kindliche Hingabe an Gott und seine Pläne und Fügungen sind aber nicht nur wichtig, um in einer Haltung des Vertrauens glauben zu können. Sie ist zugleich wichtig, um die eigenen Unzulänglichkeiten und Schwächen einordnen zu können. Der Anspruch des Evangeliums „Seid also vollkommen, wie euer himmlischer Vater vollkommen ist!“ (Mt 5,48) ist eine Herausforderung an das Leben jedes gläubigen Menschen. Hinzu kommt die Aufgabe jedes Einzelnen, seinem von Gott geschenkten Persönlichen Ideal entgegenzustreben.

Wenn der Mensch sich nicht von solchen Zielen seines Lebens überfordert erleben soll, muss das Streben nach Zielen in der Barmherzigkeit Gottes geborgen sein. Hier war für Werner Krimm jener Satz ausschlaggebend, den er bereits bei seinem Besuch in Milwaukee von Pater Kentenich aufgenommen hatte: *„Schwimmen im Erbarmungsmeer Gottes und zugleich Schwimmen im Erbärmlichkeitsmeer meiner selbst“*. Erst wenn der Mensch seine eigene Unzulänglichkeit annehmen kann im Blick auf das Erbarmen Gottes, wird er wirklich frei, steht nicht mehr unter Leistungsdruck, auch nicht im religiösen Bereich.

Hier spielt wieder das „Weltgrundgesetz der Liebe“ eine entscheidende Rolle. Der Mensch darf davon ausgehen, dass Gott sich ihm unverbrüchlich treu zuwendet und die Antwort des Menschen nicht Leistung oder Bravsein ist, sondern seine Liebe. Dazu mag ein Satz aufrütteln, an den sich eine frühere Studentin, die Werner Krimm begleitete, lebhaft erinnert: *„Wir wissen zu viel und lieben zu wenig!“*

Marianische Perspektive

Eine weitere Perspektive in Werner Krimms Verkündigung war die Beziehung zu Maria. Für ihn war Maria nicht der ursprüngliche Impuls, sich näher mit der Schönstatt-Bewegung zu befassen, vielmehr war es das pädagogische Anliegen, Glaubenswahrheiten zu Werten werden zu lassen. Allerdings wurde ihm sehr bald deutlich, dass Maria eine außergewöhnliche Wegbereiterin dafür ist, sie zudem in der „Pädagogik Gottes“ selbst eine herausragende Stellung einnimmt.

Das Marienbild von Schönstatt als Graphik.

Maria war für Werner Krimm ein Kennzeichen und eine Garantin der „Erdung“ des Glaubens in einem wörtlichen Sinn. „Und das Wort ist Fleisch geworden und hat unter uns gewohnt“ (Joh 1,14) bringt als Glaubensformel eine theologische Aussage über die Menschwerdung des Sohnes Gottes zum Ausdruck, beschreibt aber zugleich den realen Vorgang der Geburt aus der Frau Maria von Nazaret.

Werner Krimm kam immer wieder in seiner Verkündigung auf das 8. Kapitel der Konstitution über die Kirche „Lumen gentium" zu sprechen, in dem das Zweite Vatikanische Konzil seine Mariologie neu formulierte:

„Diese Mutterschaft Marias in der Gnadenökonomie dauert unaufhörlich fort, von der Zustimmung an, die sie bei der Verkündigung gläubig gab und unter dem Kreuz ohne Zögern festhielt, bis zur ewigen Vollendung aller Auserwählten. In den Himmel aufgenommen, hat sie diesen heilbringenden Auftrag nicht aufgegeben, sondern fährt durch ihre vielfältige Fürbitte fort, uns die Gaben des ewigen Heils zu erwirken. In ihrer mütterlichen Liebe trägt sie Sorge für die Brüder ihres Sohnes, die noch auf der Pilgerschaft sind und in Gefahren und Bedrängnissen weilen, bis sie zur seligen Heimat gelangen. Deshalb wird die selige Jungfrau in der Kirche unter dem Titel der Fürsprecherin, der Helferin, des Beistandes und der Mittlerin angerufen. Das aber ist so zu verstehen, dass es der Würde und Wirksamkeit Christi, des einzigen Mittlers, nichts abträgt und nichts hinzufügt." (Nr. 62)

„Sie gebar aber einen Sohn, den Gott gesetzt hat zum Erstgeborenen unter vielen Brüdern (Röm 8,29), den Gläubigen nämlich, bei deren Geburt und Erziehung sie in mütterlicher Liebe mitwirkt." (Nr. 63)

Für Werner Krimm wurde Maria tatsächlich immer mehr „Erzieherin", wie es der Konzilstext beschreibt. Es war seine feste Überzeugung, dass ein Mensch, der sich Maria nähert, sich wirklich auf sie einlässt und sich mit ihr verbündet, in die Glaubenshaltungen Marias hineinwächst. Wenn dies in Vertrauen und Liebe geschieht, wird diese Verähnlichung umso intensiver, denn *„die Liebe ist eine verähnlichende Kraft"*.

Werner Krimm maß darum dem sogenannten „Liebesbündnis" in Schönstatt eine große Bedeutung zu. Wer sich Maria in einem Bund der Liebe anvertraut, wird jene verähnlichende Kraft erfahren. Hier lag für ihn der letzte Sinn von Marienverehrung überhaupt.

Wenn es sehr persönlich wird

Werner Krimm hat das, was er theologisch erkannte, was er in Vorträgen und Predigten verkündete und wohin er in der Geistlichen Begleitung führte, selbst in die Tat umgesetzt. Im Blick auf Maria hieß das: Über sein gesamtes Leben hinweg hat er jenes Bündnis der Liebe immer wieder neu geschlossen oder erneuert. In seinem letzten Weihegebet an Maria vom 31. Mai 1998 schrieb er anlässlich der Altarweihe im Zentrum seiner Priestergemeinschaft auf Berg Moriah:

„Der Satz ‚Sacerdotem oportet offere' [Für den Priester geziemt es sich zu opfern] lässt mich seit meinen Theologentagen nicht los. Nun stehe ich kurz vor meinem 70. Geburtstag. Meine irdische Pilgerschaft neigt sich ihrem Ende zu, auch wenn ich meine berufliche Arbeit bis zum Jahre 2000 weiterführen soll. Ich spüre, dass die Kräfte abnehmen, und vor allem, wie die nachfolgende Generation in ihrer Weise die Arbeit weiterträgt. Was soll ich zum nahenden Ende meiner dienstlichen Tätigkeit tun, damit Du über alles verfügen und zu einem guten Ende führen kannst?"

Kreuz der Einheit.

Dann benennt er die Gebete der Hingabe, die er im Laufe seines Lebens im Rahmen seiner Priestergemeinschaft und ganz persönlich formuliert hatte. Er schließt mit den Worten, die den Rest seines Lebens in die Hände Marias legen, damit sie ihn zu seinem Lebensziel begleitet:

„Ich übergebe Dir alles, was ich bin und habe. Tu' mit mir, was Dir am besten scheint. Schone mich, wenn es gut für mich und meine Sendung ist, setze mich ein, wenn ich nur so Dir dienen kann, auch mein Leben. Verfüge über mich. Erflehe mir vom Hl. Geist die Gabe der heroischen Kindlichkeit. Wenn Dein Sohn mich fragt: ‚Kannst du den Kelch trinken?", dann will ich mit Dir antworten: ‚Wenn Du willst, ja!'"

In diesem Gebet zeigt sich ein großes Maß an innerer Freiheit. Werner Krimm hat sich ganz auf die Wünsche Gottes eingestellt. Er wusste für sich darum, dass ihm diese Freiheit im Bund mit Maria zugewachsen war.

Das Bewusstsein, für eine Sendung einzustehen

In dem Gebet kommt eine weitere Perspektive zum Ausdruck: Er stellt sich für eine Sendung zur Verfügung. Er war sich bewusst, dass er auch als einzelner Mensch und Priester seinen Weg vor Gott geht. Doch zugleich war ihm klar, dass ihm von Gott eine originelle Sendung geschenkt wurde, zu der er sich berufen fühlte: die Berufung zum Dienst an den Berufungen anderer, indem er *„selbstlos fremden Leben dient"*.

Diese Sendung verstand er nicht nur als eine Aufgabe, die ihm beruflich gestellt war, sondern die ihm ins Herz eingeschrieben war. Sie war ihm so sehr zu eigen, dass sie ihn sein Leben kosten durfte.

Als Priester stellte er sich dem Auftrag Jesu, der für alle Jüngerinnen und Jünger gilt, den er aber in besonderer Weise für sich annahm: „Ihr sollt meine Zeugen sein!" (Apg 1,8) Diese letzte

Anweisung Jesu vor der Himmelfahrt hatte Werner Krimm sich auf die Rückseite seiner Primizbilder drucken lassen. Fünf Motive für diese Bilder hatte er gewählt: ein Bild vom Kopf der Christusstatue am Südportal der Kathedrale von Chartres, ein Bild Dürers mit Petrus und Paulus, Maria mit Kind von Cranach, eine Schutzmantel-Madonna aus Ravensburg von 1480 und ein Bild des Erzengels Michael von Eugen Altrogge.

Seine Sendung war es offensichtlich, andere zu ihrer Berufung und originellen Sendung zu führen. Das setzte die Überzeugung voraus, die sich in dem oft von ihm zitierten Satz von Friedrich Rückert (1788-1866) ausdrückt: „Vor jedem steht ein Bild des, was er werden soll: Solang er das nicht ist, ist nicht sein Friede voll.“ Für diese Sendung lebte er mit Leidenschaft. Mit seiner Leidenschaft wollte er andere anstecken.

Primizbild.

Sein Priesterbild

Da er mit vielen Jugendlichen, die er als Schüler im Willigis-Gymnasium, in der Schülerseelsorge oder in der Jugendarbeit begleitet hatte, während des Studiums in Verbindung blieb, wurde er zu vielen Primizfeiern als Festprediger eingeladen. Gerade diese Predigten eignen sich in besonderer Weise zu beschreiben, wie Werner Krimm das Leben und Wirken eines Priesters sah und einschätzte. Hier seien einige Elemente aus einer 1975 gehaltenen Primizpredigt genannt, die in der einen oder anderen Weise immer wieder zur Sprache kamen.

Ein Mensch der Gotteserfahrung

Als erste notwendige Eigenschaft des Priesters nannte Werner Krimm in der Regel, dass der Priester einer sein müsse, der Gotteserfahrungen gemacht habe. Er solle ein „jenseitiger Mensch" sein, der in den Erfahrungen des Alltags, in seinem eigenen Leben und im Leben der Anderen Gottes Spuren suchen, ahnen und entdecken kann. Das gelte insbesondere in einer Zeit, in der die Suche nach Gott in unserer Gesellschaft kaum eine Rolle spielt. Dabei war seine Gegenwartsdiagnose in jener Primizpredigt durchaus nicht negativ:

„Wir stellen fest, dass der heutige Mensch wieder mehr der religiösen Frage geöffnet ist. In der Finsternis der Welt sucht man nach dem Licht Gottes. In der Dürre des Herzens nach dem Leben spendenden Wasser. Wer bezeugt Gott, wer bezeugt seine eigenen Erfahrungen? Wer ist ein jenseitiger Mensch: der Priester."

Damit bringt er das auf den Punkt, was sein Bischof, Kardinal Lehmann, später so formulierte: „Der Priester des 21. Jahrhunderts muss vor allem Meisterleser der Spuren Gottes sein."

Der Welt zugewandt

Als „jenseitiger Mensch“ müsse der Priester aber zugleich auch *„ganz diesseitig sein, ohne seine Gottesprägung zu verlieren“*. Die Menschen erwarten von ihm, dass er die Probleme der Welt kenne. Der Priester solle sich in der modernen Welt auskennen und sich in ihr zurechtfinden.

Das bedeutet: Er soll einen echten Zugang zu den Menschen haben. Er soll sich bewusst sein, dass er aus dem Volk stammt, er soll dessen Sprache sprechen. Man soll vor ihm keine Angst haben müssen, wie es Werner Krimm selbst und die ältere Generation noch erlebt hatten. Man möchte zu ihm Zugang haben. „Abschied von Hochwürden“, wie der Titel eines Buches hieß, sei wohl der richtige Ausdruck.

Die Schwächen der Menschen erfahren

Der Priester solle ferner auch die Schwächen der Menschen erfahren haben. *„Gemeint ist, dass er deren Not in sich aufgenommen, in seinem Herzen selber durchleidet und aus diesen Erfahrungen heraus helfen kann. Erst das, was jemand selbst durchlitten hat, ist weitergebbar. Man mag nicht gerne jemanden, der intellektuelle Antworten gibt, man möchte existentielle Antworten haben.“*

Gleichzeitig solle dieser Priester aber auch einer sein, der andere emporzuziehen vermag. *„Und nicht selten sind die Menschen von einer tiefen Enttäuschung und Resignation ergriffen, wenn ein Priester an dieser Berufung scheitert.“*

Diese Erwartungen schlössen große Spannungen in sich, aber sie entsprechen der Sehnsucht der Menschen, besonders der jungen Menschen.

Am Michigan-See bei Milwaukee. Bei einer Fahrt dorthin stellten seine Begleiter Werner Krimm an die Stelle, an der Pater Kentenich bei einem Ausflug 30 Jahre zuvor gestanden hatte.

Die Gabe und Aufgabe des Priesters

Wer das Priestersein verstehen will, muss auf Jesus Christus schauen. *„Es gibt nur einen Priester: Jesus Christus … Und das ist das Priesterliche an Jesus: dass er die Botschaft des Vaters verkündete und dass er sich hingab an den Vater für die Sünden der Menschen … Nun ist Jesus in der Herrlichkeit beim Vater. Er braucht Werkzeuge. Diese Werkzeuge sind alle Christen, in besonderer Weise die Priester. Das Priestertum ist die Teilhabe an dem einen Priestertum Jesu Christi."*

Bemerkenswert an diesen Aussagen ist, dass Werner Krimm davon ausgeht, dass das ganze Volk Gottes, alle Christen, teilhaben am Priestertum Jesu Christi, wie es das Zweite Vatikanische Konzil in der dogmatischen Konstitution über die Kirche „Lumen gentium" neu beschreibt. Das ganze Volk Gottes ist ausgestattet mit einem königlichen Priestertum, der Priester dann in eigener Weise.

Gottesdienst mit Familien.

Das hat Konsequenzen für den priesterlichen Dienst. Priesterliche Existenz und priesterlicher Dienst sind eingebettet in den Dienst des ganzen Volkes Gottes. In seinem besonderen Dienst an der Verkündigung und in Hingabe an den Vater für die Menschen soll er in Gesinnung und Tun sich Jesu Christus in besonderer Weise angleichen. Und damit ist das Priestertum nicht nur Gabe, sondern auch ständige Aufgabe.

Der Dienst des Gebetes

Werner Krimm betonte die besondere Bedeutung des Gebetes. *„Der Priester ist zunächst einmal da für Gott, um ihm Anbetung, Dank, Bitte und Sühne darzubringen. Er soll in den Lobpreis einstimmen vor dem Lamm und dem, der auf dem Throne sitzt (Off 7,11-12).“*

Interessant ist dabei, dass Werner Krimm hier nicht zuerst etwa über das Stundengebet als Pflichtübung spricht oder allgemein an die Bereitschaft des Priesters zum Gebet appelliert. Es geht vielmehr um das Eins-Werden mit Jesus Christus, um das Dasein für Gott und vor Gott.

Das ist bei Werner Krimm eine Aussage, die durch sein eigenes Leben und Beten gedeckt ist. Wer seinen Dienst als Priester nicht als Pastoraltechniker verrichten will, muss seinen Dienst getragen wissen durch das Gebet. Bei der Analyse seines Tagesablaufes zeigte sich, dass er jeden Tag etwa zwei Stunden für das Gebet reservierte, eine ungeheuer lange Zeit für einen Menschen, der aktiv wie er seinen Dienst versah.

Das verweist aber weiter auf innere Zusammenhänge einzelner Aspekte des priesterlichen Lebens überhaupt. A. W. Richard Sipe stellt in seinem Buch „Sexualität und Zölibat“ (deutsche Ausgabe 1992) dar, dass alle von ihm begleiteten Priester und Ordensleute, die einen gelungenen Zölibat leben konnten, von sich sagten, dass sie täglich über zwei Stunden dem Gebet widmen. Werner Krimm hat diese empirisch gestützte Aussage zwar bei der Primizpredigt 1975 noch nicht gekannt, später aber sehr genau aufgenommen und immer wieder bestätigt und betont.

Letztlich ging es ihm jedoch wiederum nicht um die Erfüllung von Frömmigkeitsformen, schon gar nicht um eine Alternative zu dem alltäglichen „Gott suchen in allen Dingen“ oder gar eine Flucht aus der Welt, sondern um eine personale Beziehung zu Jesus Christus, die zum Vater führt. Und diese Beziehung will existenziell in den Blick kommen, wachsen und gepflegt werden.

Sein Kirchenbild

Als Werner Krimm zu einem Referat zum Thema „Werden wir von der Kirche gegängelt?“ eingeladen wurde, nutzte er die Gelegenheit, wie so oft, um sein Bild von der Kirche zu zeichnen. Er nannte Probleme und schwierige Strukturen in der Kirche beim Namen, aber er stimmte nicht in den Chor derer ein, die jammern und Vorwürfe machen. Er hielt sich nicht lange mit der Aufzählung aller Fehler auf, die die Kirche begeht, sondern stellte das Bild einer nachkonziliaren Kirche vor, einer Kirche „am neuen Ufer“.

Als erstes Merkmal nannte Werner Krimm: *„Die nachkonziliare Kirche will sich statisch und dynamisch zugleich verstanden wissen.“* Wenn man früher die Kirche eher im Bild des Felsens in der Brandung fasste – „Du bist Petrus und auf diesen Felsen werde ich meine Kirche bauen und die Pforten der Unterwelt werden sie nicht überwältigen.“ (Mt 16,18) – so fasst das Zweite Vatikanische Konzil Kirche unter dem Bild des pilgernden Gottesvolkes (Lumen gentium 8). Beide Bilder sagen etwas Richtiges und Wichtiges aus. Werner Krimm plädierte für die Begriffsschöpfung Pater Kentenichs: „pilgernder Fels“.

Ein zweites Merkmal der Kirche am neuen Ufer benannte Werner Krimm: *„Die nachkonziliare Kirche versteht sich nicht nur als hierarchisch regiert, sondern auch brüderlich geeint.“*

Das bedeutete für ihn, dass die Hierarchie in der Kirche nicht abgeschafft werden soll, aber durch den geschwisterlichen Umgang zwischen Klerus und Laien in ihrem konkreten Verhalten relativiert werden soll. Das heißt weiter, dass sich alle gemeinsam als Familie Gottes in Partnerschaft begreifen. *„Jeder wird ernst genommen und angehört. Der Laie hat die Verantwortung für Aufgaben, für die er auch wirklich zuständig ist.“*

Das wiederum bedeutet nicht, dass es keinen Gehorsam in der Kirche mehr gäbe. In den entsprechenden Strukturen gibt es weiter auch die Unterordnung, doch im Sinne eines „familienhaften Gehorsams“. Dieser ist als Anspruch nach allen Seiten zu verstehen: Jeder hört den anderen an, hört auf seine Argumente, fühlt sich hinein, warum er wohl so argumentiert. Beide Seiten suchen gemeinsam eine Lösung bei anstehenden Problemen. Im Zweifelsfall wird dann der jeweilige Vorgesetzte letztlich entscheiden müssen, doch für beide Seiten in dem Bewusstsein der Verantwortung vor Gott und den Menschen.

Pastorale Arbeitskreise

Ein eigenes Anliegen war für Werner Krimm die Befähigung und Weiterentwicklung von Seelsorgerinnen und Seelsorgern. Viele, besonders aus den Bistümern Mainz und Speyer, die er über Jahre in der Jugendarbeit begleitet hatte, waren von seiner Arbeit als Seelsorger so begeistert, dass sie selbst einen seelsorglichen Beruf ergriffen. Das galt nicht nur für junge Männer, die den Priesterberuf anstrebten. Wenn diese Berufsperspektive, in der Regel wegen des Zölibats, nicht möglich war, stand die Möglichkeit offen, als GemeindereferentInnen oder PastoralreferentInnen in der Seelsorge zu arbeiten. So gab es beispielsweise im Bistum Mainz in den Jahren 1974/75 erstmals Ausbildungskurse für Laientheologen, die Pastoralreferenten werden wollten, darunter auch solche, die sich mit Werner Krimm und der Schönstatt-Bewegung verbunden fühlten. Im Laufe von etwa zwei Jahrzehnten waren es allein von dort her im Bistum Mainz über 20 Frauen und Männer, die in einem der Seelsorgeberufe arbeiteten.

Netzwerk im Bistum Mainz

Für Werner Krimm eröffnete sich durch diese Entwicklung ein weiteres Feld, die Berufung und die Berufe von Priestern und pastoralen Mitarbeitern zu unterstützen. Ihm war in der Begleitung vieler Einzelner deutlich geworden, dass nach Studium und Pastoralausbildung eine kontinuierliche Stärkung und Motivierung notwendig war.

So gründete er 1976 den ersten „Pastoralen Arbeitskreis“, in dem sich Priester, PastoralreferentInnen und GemeindereferentInnen aus der Schönstatt-Bewegung trafen. Am 10. April, am Samstag vor Palmsonntag, fand ein erstes Treffen in der Wohnung von Werner Krimm, Domstraße 6 in Mainz, statt.

Werner Krimms Wohnung in der zweiten Etage der Domstraße 6 in Mainz. An der Ecke die Skulptur des Mainzer Erzbischofs Rabanus Maurus von Adam Winter.

Dabei zeigte sich gleich bei dem ersten Treffen eine doppelte Aufgabenstellung des Kreises. Einmal wollten sich die Mitglieder im Sinne einer kollegialen Beratung gegenseitig in ihren konkreten Aufgabenfeldern unterstützen. Zum anderen war die gemeinsame Mitarbeit in der Schönstatt-Bewegung ein Anliegen.

Da die meisten in der Jugendarbeit tätig waren, ging es zunächst um Ideen, wie inhaltlich und methodisch die Arbeit mit Kindern und Jugendlichen gestaltet werden konnte. Konzepte für die spirituelle Prägung von Freizeiten und Zeltlagern wurden erarbeitet. Methodische Anregungen zur Gestaltung der geprägten Zeiten des Kirchenjahres wurden ausgetauscht.

Doch auch andere grundsätzliche Perspektiven fanden Berücksichtigung: das gegenwärtige Bild von Frau und Mann, Selbsterziehung der Erzieher, Arbeit mit Jahresthemen in der Gemeinde, Partnerschaftsseminare für junge Paare, Gestaltung von Berufsfindungstagen, partnerschaftliche Zusammenarbeit von Priestern und Laien in der Seelsorge.

Der zweite Bereich in der Arbeit des Kreises war die Unterstützung der Schönstatt-Bewegung im Bistum. Hier ging es um konkrete Planungen in den Bereichen der Jugendarbeit, Familienarbeit, Frauen- und Männerarbeit, Begleitung in der Senioren- und Krankenpastoral. Ein Höhepunkt zu dieser Perspektive war der „Tag der Geistlichen Bewegungen im Bistum Mainz“ am 20. September 1986, zu dem Bischof Lehmann eingeladen hatte. Nach seinem Grundsatzreferat stellten sich etwa zehn Gemeinschaften vor, so auch die Schönstatt-Bewegung.

Erfahrungen gelingender Kooperation

Eine wesentliche Erfahrung aus dieser Netzwerkarbeit war die einer gelingenden Kooperation. Im Blick auf gegenwärtige Diskussionen besonders in der deutschen Kirche ist eine solche Kooperation in doppelter Hinsicht bedeutsam.

Die eine Perspektive ist die Kooperation zwischen den verschiedenen pastoralen Berufsgruppen. Alle, die an diesem Arbeitskreis teilnahmen, bezeugten, dass weder ein Machtgefälle vom Klerus zu den Laien spürbar war, noch von Bevormundung die Rede sein konnte. Einen Grund fand man in der gemeinsamen Spiritualität, die mögliche persönliche Differenzen und Eigenschaften überbrücken konnte. „Mir kann nach diesen Erfahrungen keiner mehr behaupten, dass in der Kirche zwangsläufig eine Konkurrenz zwischen Priestern und Laien besteht. Ich habe es anders erlebt!“, so die Überzeugung eines Pastoralreferenten, der in dem Kreis mitarbeitete.

Eine zweite Perspektive der Kooperation war die zwischen der Ortskirche und einer Geistlichen Bewegung, in diesem Fall der Schönstatt-Bewegung. Werner Krimm hatte in diesem Pastoralen Arbeitskreis mit den Mitarbeiterinnen und Mitarbeitern über viele Jahre hinweg eingeübt, was Bischof Lehmann in seiner Ansprache im Requiem formulierte: *„Werner Krimm hat ... in einer ganz vorbildlichen Weise die Schönstatt-Bewegung mit dem Einsatz im Bistum zusammengebracht. Nie habe ich irgendeinen Riss oder eine Spannung dazwischen festgestellt. Das ist ein besonderes Geschenk seines Lebens für unsere Diözese."* In der Tat war der Pastorale Arbeitskreis ein Lernfeld dafür, was Werner Krimm als Zitat von Pater Kentenich viele Male wiederholte: *„Schönstatt für die Kirche, die Kirche für die Welt, die Welt für den Dreifaltigen Gott."*

Weitere Netzwerke

Der Pastorale Arbeitskreis im Bistum Mainz setzte seine Arbeit auch nach dem Heimgang von Werner Krimm bis in das Jahr 2011 fort, sodass man am Ende auf eine 35-jährige fruchtbare Arbeit zurückblicken konnte. Doch es war nicht der einzige Arbeitskreis für pastorale Mitarbeiter, den er begleitete.

Im November 1987 begann er mit eigenen Treffen der Schönstatt-Diözesanpriester im Bistum Mainz. Dieses Treffen führte Mitglieder aus allen drei schönstättischen Priestergemeinschaften zusammen, also aus Priesterliga, Priesterbund und dem Schönstatt-Institut Diözesanpriester, da das Engagement innerhalb einer Diözese allen drei Gemeinschaften gemeinsam aufgetragen war. Werner Krimm hatte den Eindruck, dass neben dem Kreis aller pastoralen Mitarbeiter ein besonderer für die Priester nötig war. Der Grund war allerdings nicht eine Sonderbehandlung des Klerus. Werner Krimm machte immer wieder, nicht zuletzt in der Geistlichen Begleitung der Priester, die Erfahrung, dass diese besonders als Gemeindepfarrer unter einem derartigen Druck stehen, dass diese besondere Situation in geeigneter Weise bedacht und berücksichtigt werden müsse. Der Name, den sich der Kreis gab, lautete „Arbeitskreis für schönstättische Spiritualität und Pastoral“. Ähnliche Kreise für Priester hatte er in den Bistümern Limburg und Speyer organisiert.

Beim Intervallkurs „Pastoral 2001“ im Schönstatt-Zentrum Weiskirchen.

In den Jahren 1994 und 1995 hatte er mit anderen gemeinsam einen fünfteiligen Intervallkurs „Pastoral 2001 – Ende der Resignation“ für alle pastoralen Dienste ausgeschrieben, die er aus verschiedenen Arbeitskreisen und Kursen kannte. In dem Einladungsschreiben zum ersten Treffen hieß es:

„Wir haben in einem Vorbereitungsteam noch einmal unsere Ziele abgesteckt und überlegt, wie der Weg verlaufen könnte. Ziel soll also sein, in der Umbruchssituation der Kirche nicht nur über Zerbrechendes zu lamentieren, sondern den Blick zu schärfen, was der Geist Gottes an Neuem schaffen will. Deswegen soll am Ende des Projektes auch nicht ein Arbeitspapier oder Forderungen stehen, sondern wir wollen möglichst frei von äußerem und innerem Druck sensibel werden, um Aufbrüche wahrzunehmen und fähig zu werden, diese Aufbrüche zu pflegen und sich entwickeln zu lassen.“

Eigenverantwortlichkeit unterstützen

Werner Krimm nahm aber als geistlicher Mentor der pastoralen Arbeitskreise keineswegs die Zügel in die Hand. Er achtete darauf, dass Mitglieder der Kreise für bestimmte Zeiträume die Verantwortung für die Zusammenarbeit übernahmen. Diese fertigten Protokolle der Treffen und luden zu den Treffen ein.

Werner Krimm fühlte sich für das Ambiente und eine gute Atmosphäre verantwortlich. Für die Treffen in seiner Wohnung stellte er einen Imbiss und Getränke bereit. Da die meisten direkt aus ihrer Arbeit zu den Zusammenkünften anreisten, sollte, wie er oft betonte, *„die Gnade auf der Natur aufbauen"*. Diese Deutung seiner Fürsorge begleitete stets ein herzhaftes Lachen seinerseits.

Bei den Treffen achtete er in einer ersten Runde darauf, dass alle zunächst ihre gegenwärtigen Erfahrungen mitteilen konnten. In einer Zeit, in der es bei Arbeitstreffen durchaus noch nicht üblich war, breiteren Raum für solche Befindlichkeitsrunden zu geben, sorgte er dafür, dass die „Seelenstimmen" der Einzelnen sprechen konnten. Diese Art hatte für die Teilnehmenden eine entlastende Funktion. Doch mehr noch waren diese Runden für ihn wichtig, damit die inneren Bedürfnisse und Motivationen deutlich wurden. „Seelenstimmen" sind Hinweise, wohin Gott führen will. So betonte er immer wieder.

Diese Art des Miteinanders war so überzeugend, dass Mitglieder der Pastoralen Arbeitskreise später betonten, in ihrer seelsorglichen Arbeit diese Art übernommen zu haben. Jede und jeder Einzelne fühlte sich in seinen Erfahrungen ernst genommen, kam zu Wort, durfte nachfragen, erhielt Rückmeldung und das Angebot anderer Sichtweisen und Erfahrungen.

Werner Krimm sorgte aber nicht nur für eine gute Struktur solcher Treffen. Er brachte sich auch inhaltlich ein, doch in einer bestimmten Weise. Er übernahm durchaus ab und zu die Aufgabe, einen inhaltlichen Impuls zu setzen. Doch mehr noch sah er seine Aufgabe darin, die anderen zu ermutigen, sich inhaltlich einzubringen. Er hatte überhaupt kein Problem, einen Berufsanfänger mit seiner noch relativ schmalen Erfahrungsbasis zu Wort kommen zu lassen. Er beschränkte sich oft darauf, seine Erfahrungen ergänzend danebenzustellen. In Reflexionsgesprächen nannte er den Grund: Er wollte gerade die Jüngeren zu Selbständigkeit und Selbsttätigkeit ermutigen.

In den 1990er Jahren bekannte er, dass er bei solchen und ähnlichen Treffen immer weniger spreche. *„Man muss die Jüngsten vorne hinstellen und reden lassen."* Seine Aufgabe sei es, hie und da Ergänzungen einzubringen, wenn er es für wichtig hielt. Der Effekt solchen Führungsverhaltens war, dass sich alle in ihren Bemühungen und Kompetenzen gewürdigt fühlten und darum hochmotoviert mitarbeiteten.

Schönstatt-Institut Diözesanpriester – seine Gemeinschaft (Peter Wolf)

Schönstatt-Zentrum Bellavista, Santiago de Chile – Werner Krimm mit dem damaligen Generalrektor seiner Priestergemeinschaft, Dr. Peter Wolf.

Nachdem Werner Krimm während seiner Studienzeit im Mainzer Priesterseminar die Schönstatt-Bewegung und die Gemeinschaft der Schönstatt-Priester kennengelernt hatte, besuchte er Treffen und Tagungen dieser Gemeinschaft. Bei einem Besuch in Schönstatt lernte er Prälat Joseph Schmitz, den damaligen Leiter der Schönstattpriester, und einige Mitbrüder im Bildungshaus Marienau kennen. Prälat Schmitz lud ihn zu einem „Kleinen Kreis" ein, den er innerhalb der damals großen Gemeinschaft der Schönstatt-Priester schulte, damit er einmal mehr Verantwortung für die Priestergemeinschaft übernehmen könnte.

Sein Kurs im Schönstatt-Institut Diözesanpriester 5. April 1961 – v.l.n.r: Franz Schmid (Eichstätt), Werner Krimm (Mainz), Otto Maurer (Eichstätt), Georg Falch (Würzburg), Rudolf Weigand (Würzburg), Hugo Göbel (Würzburg), Hermann Gebert (Rottenburg-Stuttgart).

Unter den beteiligten Mitbrüdern wurde die Frage immer stärker, wie denn der Gründer, der zu dieser Zeit in Milwaukee im Exil lebte, den Aufbau seiner Schönstatt-Priestergemeinschaft gedacht hat. In dem „Kleinen Kreis" bildete sich mehr und mehr die Überzeugung, dass der Gründer anders, als es damals organisiert war, eine Dreigliederung vorgesehen habe: einen Verband im Sinne eines Säkularinstitutes, einen Priester-Bund und eine Priester-Liga. Verband und Bund sahen eine festere Gemeinschaftsbindung vor, der Verband zudem als Säkularinstitut rechtliche Bindungsformen. Die Priester-Liga sollte interessierte Priester in freier Form zusammenbringen.

Werner Krimm gehörte zu den Mitbrüdern, die mit dieser Idee am 18. Oktober 1962 die Neugründung des Verbandes in privatrechtlicher Form wagten. Zusammen mit diesen Mitbrüdern gehörte Werner Krimm später zum COR PATRIS-Kurs, dem ersten Kurs des jungen Priesterverbandes. Die offizielle Gründung wurde zwei Jahre später am 18. Oktober 1964 zum 50-jährigen Jubiläum der Bewegung in Würzburg vollzogen.

Aus dem großen Anliegen, die Priestergemeinschaft und den Verband im Besonderen ganz im Sinne des Gründers aufzubauen, kam es vor und nach dem Wagnis der Neugründung des Verbandes zu verschiedenen Besuchen und Kontakten mit dem Gründer in Milwaukee. Das war auch der Anlass, warum Werner Krimm gemeinsam mit einem Mitbruder in den Weihnachtsferien 1964 nach Milwaukee reiste.

Generalrat und Terziats-Meister

Ewig-Terziat eines Kurses – im Hintergrund der Rohbau des Zentrums der Gemeinschaft „Berg Moriah".

Bei der Neuorganisation des Säkularinstitutes des Priesterverbandes nach der Rückkehr aus dem Exil ernannte Pater Kentenich 1966 Werner Krimm zum Mitglied der Generalleitung. Werner Krimm gehörte dem Generalrat bis zum ersten Generalkapitel der Gemeinschaft im Jahr 1974 an. In der neu gegründeten Gemeinschaft übernahm er bald die wichtige Aufgabe des Terziats-Meisters. Er hatte dieses Amt über zwanzig Jahre von 1976 bis 1997 inne. Es war seine Aufgabe, Kurs für Kurs jüngere Mitbrüder während ihres Ewig-Terziats zu begleiten. Es handelte sich dabei um die „dritte Intensivzeit" zur Vorbereitung auf die endgültige Bindung an das Säkularinstitut im „Ewig-Kontrakt". Sie umfasste in der Regel ein volles Jahr und manchmal einige Monate mehr.

Werner Krimm machte es sich zur Regel, jeden in seiner Pfarrei oder speziellen Seelsorgeaufgabe vor Ort zu besuchen. Er wollte aus der Nähe wahrnehmen, unter welchen Bedingungen ein Mitbruder arbeitete, in welcher Atmosphäre er lebte und wie es ihm dabei tatsächlich ging. Er interessierte sich für alles, was einen jungen Mitbruder bewegte, was ihn in seinem priesterlichen Alltag bedrängte und ihm Freude machen konnte. Immer wieder galt es bei solchen Besuchen oder bei den verabredeten Treffen auf Berg Moriah, dem Zentrum der Gemeinschaft in Simmern/Westerwald, gute und enttäuschende Erfahrungen in der Pastoral aufzuarbeiten. Er hatte einen Blick dafür, wie es den Einzelnen mit ihrem geistlichen Leben ging. Man konnte mit ihm auch sehr persönliche Nöte im Ringen um die Evangelischen Räte ansprechen. So entstand viel Nähe und Vertrauen. Mit jedem besprach er gegen Ende des Terziats den in den Schönstätter Säkularinstituten üblichen „Lebensroman", einen ausführlichen Rückblick auf das bisherige Leben, und wertete ihn mit dem Betreffenden im Sinne des praktischen Vorsehungsglaubens aus. Viele können sich noch heute an diese Stunden lebhaft erinnern.

Die Nähe des Gründers

Gerade bei solchen Gesprächen gelang es ihm, auf überzeugende Weise Pater Kentenich, den er selbst so intensiv als väterlichen Begleiter erlebt hatte, zu vermitteln. In der Art, wie er mit den Mitbrüdern umging, wurde Pater Kentenich für die Jüngeren in seiner Person gleichsam gegenwärtig. Bei ihm konnte man erahnen, was mit „priesterlicher Väterlichkeit" gemeint ist, und dass Erziehung für ihn immer bedeutete: „selbstlos fremder Eigenart zu dienen".

Als Terziats-Meister hatte Werner Krimm mit allen deutschen Kursen zu tun, vom vierten Kurs bis zum zehnten Kurs der Gemeinschaft. Alle diese Kurse und mit ihnen die ganze Gemeinschaft verdanken ihm Entscheidendes, was viele Mitbrüder immer wieder im Rückblick auf die Terziate unter seiner Leitung aussprachen.

Für eine ganze Reihe von Mitbrüdern entwickelte sich aus diesen Erfahrungen mit Werner Krimm eine Geistlichen Begleitung, die oft über Jahre anhielt und die auch dann trug, wenn einer in seinem Priestersein in eine Krise geriet. Seine überzeugende väterliche Art und sein emporbildendes Verstehen, besonders aber sein unverbrüchliches Vertrauen, trugen viele durch, auch in existenziellen Krisen. Für Werner Krimm gab es keine aussichtslosen Fälle, auch dann nicht, wenn jemand einen Weg wählte, der aus der Gemeinschaft hinausführte.

Ein Priester, der durch seine Schule gegangen war, bezeugte in einer Feierstunde:

> *„Werner Krimm hatte die Gabe, Reich-Gottes-Erfahrungen zu vermitteln: Wie beim Senfkorn gibt es einen kleinen Anfang, aber ein großes Ergebnis. Kleines Wort – große Wirkung. Ein kleiner Satz – leise gesprochen auf seinem Sterbebett, wurde für mich zu einem starken Segenswort, von dem ich heute noch zehre. Er war lange Jahre mein geistlicher Begleiter. Er kannte mich gut. Er wusste, in welche Richtung ich so gern*

wachsen wollte. Im Reich Gottes geht es um Wachstumsprozesse! Einen Tag vor seinem Tod gab er mir dieses kostbare Wort mit auf den Weg, er säte es mir ins Herz: ‚Du wirst es schaffen.' Wir beide wussten sehr genau, was er meinte. Da ahnte ich etwas von der Segenskraft der Stammväter Israels. Die Bibel berichtet, wie Isaak und Jakob ihre Söhne segnen. Ich zehre von der Segenskraft dieses Mainzer Priesters, der durch und durch ein Mann Gottes und ein Vater war. Ich rufe mir sein Segenswort immer dann auf, wenn ich es wieder einmal brauche, wenn es mir an Vertrauen, an Mut, an Klarheit fehlt."

Ewig-Terziat mit einem Kurs seiner Gemeinschaft: Fahrt durch Frankreich – Saint-Laurent-sur-Sèvre – Lisieux – Cambrai.

Sein großes Thema: die Kindlichkeit

Ein Grundanliegen, das sich für die Priestergemeinschaft ganz mit seinem Namen verknüpft hat, ist die Spiritualität der „Kindlichkeit“. Man spürte: Das war ein durchgängiges Anliegen für das Ewig-Terziat. Damit vermittelte er ein zentrales Anliegen Pater Kentenichs, das für ihn selbst zu einem Schlüsselerlebnis geworden war.

Während des Terziates führte er Kurs für Kurs bewusst nach Cambrai und Lisieux. Cambrai ist der Ort, an dem Josef Engling, einer der jugendlichen Mitgründer der Schönstatt-Bewegung, am Ende des Ersten Weltkrieges ums Leben kam. Lisieux ist der Wirkungsort der „kleinen“ heiligen Theresia, die in besonderer Weise das Kindsein vor Gott zu ihrem Lebensprogramm gemacht hatte. In der Begegnung mit Josef Engling und der heiligen Theresia ging bei diesen Fahrten vielen Mitbrüdern auf, was Kindsein vor Gott bedeutet und wie der Mensch vom natürlichen zum übernatürlichen Vatererlebnis wachsen kann. In diesen beiden Gestalten begegneten die jungen Priester, weit über ihre theologischen Studien hinaus, gelebter kindlicher Beziehung und dem Lebenswert wahrer Kindlichkeit vor Gott. Die Kleine Heilige von Lisieux mit ihrem edlen Verhältnis zu ihrem irdischen Vater erschloss vielen den Weg zu einem kindlichen Verhältnis zu Gott als Vater. Josef Engling war stärker das Beispiel für eine gelebte Beziehung zum Gründer der Gemeinschaft als einem geistlichen Vater.

Diözese und Schönstatt

Ein weiteres zentrales Anliegen des Terziats-Meisters Werner Krimm war, die jungen Mitbrüder zu ermutigen, in ihrer Seelsorge aus schönstättischen Ideen und Prinzipien heraus zu arbeiten und zu wirken. Er wollte damit helfen, die oft erlebte Zweigleisigkeit von Pastoral in der Gemeinde einerseits und

Schönstatt-Spiritualität als lediglich persönlicher Frömmigkeit andererseits zu überwinden.

Werner Krimm berichtete aus eigener Erfahrung, wie sehr ihm bei seiner Seelsorge als Diözesanpriester seine schönstättische Spiritualität half. Die Gruppen, die er aufbaute, seien es Jugendgruppen oder Familienkreise, hatten ihn selbst wieder in seinem Leben als Priester getragen und ihm wertvolle Impulse vermittelt. Er konnte davon erzählen, wie ihm selbst auch vieles zugewachsen ist aus seinem Engagement für die Zeltlager der Schönstatt-Jugend und aus den Familiengruppen, die er offensichtlich sehr schätzte. Gerade darin war sein Einsatz als Diözesanpriester ein anziehendes und anregendes Modell für jüngere Priester.

Vorfahrt für die Geistliche Begleitung Einzelner

Werner Krimm steht bis heute für viele Mitbrüder im Priesterverband für den Mut, der Einzelseelsorge Vorfahrt einzuräumen. Viele konnten erleben und davon voll Bewunderung berichten, wie er sich Stunde für Stunde von Einzelgesprächen beanspruchen ließ und seine Zeit so drangab und für andere gänzlich aufbrauchte. Er hat viele seiner Mitbrüder dazu ermutigt, diesen Seelsorgestil Pater Kentenichs zu wagen und wie er auf langfristige Fruchtbarkeit dieser Arbeitsweise zu setzen. In einer Zeit, als die sogenannte Andachtsbeichte immer stärker zurückging und man immer deutlicher von einer Krise des Bußsakramentes sprach, begann er die Praxis der Geistlichen Begleitung und praktizierte sie in überzeugender Weise. Ein Priester schreibt dazu:

> *„Die Kirche braucht nicht in erster Linie Manager, schon gar nicht Bürokraten, geltungsbedürftige Karrieristen, strenge Gesetzeshüter oder ewig unzufriedene Nörgler. Die Kirche braucht Priester wie Werner Krimm, das heißt: Sie braucht väterliche und mütterliche Menschen, geschwisterliche Gemeinschaften, wo die eigentliche Graswurzelarbeit, Beziehungsarbeit von Mensch zu Mensch, von Mensch zu Gott,*

von Gott zu Menschen, von Herz zu Herz, geleistet wird. Da lernen Menschen, Gottes Spuren zu entdecken in der großen und kleinen Welt, auch dort, wo sie in vielen Umbrüchen und Grenzerfahrungen gebeutelt werden."

Als das Josef-Kentenich-Institut in den 1980er Jahren das Anliegen der Geistlichen Begleitung aufgriff und auf Berg Moriah einen Pilotkurs Geistliche Begleitung anbot, gehörte Werner Krimm zum Leitungsteam. In einer frühen Veröffentlichung des Josef-Kentenich-Instituts mit dem Titel „Weg-Begleitung, Geistliche Führung zu mündigem Christsein" (Vallendar-Schönstatt 1987, S. 173-214) findet sich ein aufschlussreicher Artikel aus der Feder von Werner Krimm, in dem er solche Erfahrungen benennt und seinen Stil der geistlichen Führung darstellt.

Rektor der mitteldeutschen Regio

Darüber hinaus war Werner viele Jahre Regiorektor der Regio Mitte des Priesterverbandes mit den Diözesen Fulda, Limburg, Mainz, Speyer und Trier. Er hatte großen Anteil an dem Zustandekommen der Regio und war so geradezu prädestiniert, ihr erster Regiorektor zu werden. In den Jahren 1981 bis 1993 war er Rektor für die Gruppen des Institutes in diesem großen Gebiet.

Auch hier war sein Leitungsstil ganz geprägt von dem persönlichen Interesse an den Einzelnen. „Führung durch Fühlung" war seine Art, sein Amt auszuüben. Zu vielen hielt er persönlichen Kontakt und konnte auf diese Weise manches zusammenführen und bewegen. In seiner Zeit wuchs in der Regio das Leitwort und Ideal „Vitis fructifera in vinea Patris", das ganz um den fruchtbringenden Weinstock im Weinberg des Vaters kreist (Joh 15). Werner Krimm hat sich sehr bewusst zusammen mit seiner Regio symbolisch in den „Weinberg auf Berg Moriah" eingepflanzt. Seine Mitbrüder durften ihn dann, über seinen Tod hinaus, als einen unter ihnen erfahren, der wirklich reiche Frucht getragen hat.

Unmittelbar nach dem Tod von Werner Krimm schrieb der damalige Generalrektor Peter Wolf in einem Brief an die gesamte Priestergemeinschaft:

> *„In den letzten Tagen vor dem Sterben unseres Werner Krimm drängte es mich, ihn noch einmal zu besuchen, um als Generalrektor ihm für alles zu danken, was er für unsere Priestergemeinschaft getan hat. Er freute sich offensichtlich, dankte aber seinerseits fast noch mehr für das Vertrauen, das die Generalleitung in ihn gesetzt hat. Doch ich und meine Mitbrüder hatten allen Grund, ihm unser ganzes Vertrauen zu schenken."*

Begleitung verschiedener Gemeinschaften der Schönstatt-Bewegung

Neben der Arbeit als Religionslehrer und Schulseelsorger wurde Werner Krimm zu einem gesuchten Berater und Begleiter vieler Gemeinschaften. Wenn an den Freitagen der Unterricht am Willigis-Gymnasium zu Ende ging, begann seine „ehrenamtliche Arbeit".

1967 hatte er einen Antrag auf Freistellung für die Arbeit besonders in der Jugendarbeit und der Arbeit mit Priestern an den damaligen Bischof von Mainz, Kardinal Volk, gestellt. Dieser Antrag wurde negativ beschieden. So blieb es auch bis zum Ende seines Lebens: Mit großem Engagement und „viel Herzblut", wie er es manchmal nannte, war er in der Schule, später bei den Ordensgemeinschaften tätig. In der verbleibenden Zeit war er bereit, in großer Vielfalt neben seiner Priestergemeinschaft verschiedene schönstättische Gemeinschaften, nicht zuletzt im Bistum Mainz, zu unterstützen.

Studentinnen

Werner Krimm wurde Anfang der 1960er Jahre gebeten, im Haus Regina, der Zentrale des Säkularinstitutes der Frauen von Schönstatt, Einkehrtage für Schülerinnen der Oberstufe zu halten. Obwohl er erst etwas über 30 Jahre alt war, hatte er ein erstaunliches Einfühlungsvermögen für diese jungen Frauen. Da diese und die Verantwortlichen sehr schnell Vertrauen zu ihm fassten, wurden diese Veranstaltungen fortgesetzt, ab 1965 als „Primanerinnen-Tagung", dann als Tagungen der Studentinnen-Bewegung. Dieser schenkte er dann bis 1970 seinen priesterlichen Dienst.

Eine der Studentinnen von damals berichtet:

„Die Art, wie dieser Priester über unseren Glauben sprach, wie er uns Maria vor Augen stellte, faszinierte mich. Am meisten beeindruckte mich aber, wie er von unserer Beziehung zu Gott als Vater sprach. Er weckte in mir die Freude, geliebtes Kind des himmlischen Vaters zu sein. Dieses Kind muss nicht perfekt sein, es wird gerade in seinem Kleinsein, auch in seinem Versagen und sogar in seiner Schuld geliebt.

Während meiner Studienzeit lehrte unser Professor in Religionspädagogik uns, dass Gott ‚die Welt auf Gedeih und Verderb' sich selbst überlassen habe. ‚Vorsicht vor der Vorsehung!', so hieß es. Bei Pfarrer Krimm war der Vorsehungsglaube ein ganz, ganz wichtiges, überaus positives Thema. Ich glaubte lieber ihm als meinem Professor. Der Grund: Er lebte, was er lehrte, er strahlte Freude und Dankbarkeit aus, die den Gott des Lebens bezeugten. Er regte uns an, die ‚Realitäten' des Tages zu sammeln. Das wirkt bis heute bei mir nach."

Säkularinstitut der Frauen von Schönstatt

Da Werner Krimms Schwester Maria im Säkularinstitut der Frauen von Schönstatt eingetreten war, hatte er zu dieser Gemeinschaft eine besondere Beziehung. In den Jahren 1969 bis 1972 war er intensiver in die Arbeit dieser Gemeinschaft involviert.

In dieser Zeit hatte er unzählig viele Gespräche zur geistlichen Begleitung Einzelner. Werner Krimm betrachtete sich in seiner Aufgabe als geistlicher Begleiter und „Seelenführer", wie man es zur damaligen Zeit noch nannte, als „Zweitursache". Gott ist der Eigentliche, die „Erstursache", der die Menschen führt und begleitet. Er selbst sah seine Aufgabe darin zu helfen, die von Gott geschenkte Berufung und Sendung des begleiteten Menschen zu finden und in das Leben umzusetzen.

Eine Frau, die Werner Krimm bereits während ihrer Zeit als Studentin begleitete, sprach beispielsweise beim Eintritt in das Noviziat mit ihm über die Frage, wie es mit der Begleitung weitergehen solle:

„Als ich bei den Frauen von Schönstatt eintrat, sagte er zu mir: ‚Jetzt ist die Novizenmeisterin die Zweitursache, die Sie führen wird.‘ Er gab demütig diese Aufgabe ab. Das hat mich damals beeindruckt und es hat mir sehr geholfen, von Anfang an mit großer Offenheit der Novizenmeisterin zu begegnen. Im Noviziat bei den Frauen von Schönstatt erlebte ich Pfr. Krimm auch noch. Er hielt uns die Exerzitien vor der Aufnahmeweihe und vor der Kursweihe. Für unseren Kurs waren besonders die Exerzitien vor der Kursweihe von Bedeutung, weil er sich mit großem Einfühlungsvermögen in unser Kursideal hineingedacht hatte. Wir erinnern uns heute noch gerne daran.“

Werner Krimm begleitete während jener Jahre mehrere Kurse besonders an den Knotenpunkten ihrer Entwicklung und Eingliederung in die Gemeinschaft. Diese Eingliederungen nach dem Noviziat geschehen wie in allen Säkularinstituten Schönstatts durch einen Vertrag mit der Gemeinschaft, durch einen „Kontrakt“, der zugleich eine Weihe an Maria und mit ihr an den Dreifaltigen Gott einschließt. Werner Krimm hielt vor solchen zeitlichen und endgültigen Kontrakten mehrfach den betreffenden Kursen Exerzitien so wie die Ansprache bei den Aufnahmefeiern selbst.

Säkularinstitut der Schönstätter Marienschwestern

Werner Krimm begleitete immer wieder junge Frauen in der Lebensphase, in der sie um ihre geistliche Berufung rangen. Auch seine Berufungstagungen für junge Frauen waren beliebt. Er kannte sie oft aus der Jugendarbeit in der Schönstatt-Mädchenjugend, besonders aus den Bistümern Mainz und Limburg. Mehrere entschlossen sich, in das Säkularinstitut der Schönstätter Marienschwestern einzutreten. Als 1964 wieder eine Einkleidung anstand, wurde er gebeten, diese Aufnahmefeier zu übernehmen.

Einkleidung von Schönstätter Marienschwestern am 30. August 1964 in Schönstatt. Eine der jungen Frauen stammte aus Mainz.

Ab Mitte der siebziger Jahre bis zum Jahr 2000 hielt Pfr. Krimm im damaligen Provinzhaus der Schönstätter Marienschwestern in Dietershausen bei Fulda jährlich zwei Wochenend-Tagungen für Mädchen und junge Frauen zum Thema „Ehe und Jungfräulichkeit als Berufungswege".

Teilnehmerinnen an diesen Tagungen berichten, er habe große Ehrfurcht vor dem Weg der Einzelnen gezeigt. Mit Einfühlungsvermögen und kompetenter Wegweisung habe er vor allem im persönlichen Gespräch entscheidend geholfen, Berufungsfragen zu klären. Immer wieder betonten sie, dass Werner Krimm außerordentlich intensiv zuhören, doch auch heraushören konnte, wohin der Weg führen sollte. Er stärkte das Selbstwertgefühl und half den Jugendlichen und jungen Frauen, ihren eigenen Lebensweg zu erkennen und sich frei zu entscheiden. Er vermittelte den Teilnehmerinnen das Gespür, den Gott des Lebens tiefer zu erfahren und ihr Vertrauen auf Maria als treue Wegbegleiterin und Bündnispartnerin zu setzen. Eine von ihnen berichtet:

„Unvergessen ist mir die Erinnerung an die Begegnung mit Pfarrer Krimm. Schon allein, wie er jemanden begrüßte – herzlich und froh. Seine selbstlose und authentische Art ließ mich etwas ahnen vom Wesen und Charisma unseres Gründers, Pater Kentenich. Er stellte in besonderer Weise dessen natürliche und zugleich übernatürliche Art zu denken, zu reden und zu handeln dar.“

Eine andere Teilnehmerin schreibt:

„Von 1978 bis 1983 nahm ich als junge Frau mehrmals an den Besinnungswochenenden teil, die Pfarrer Krimm zusammen mit Schwester M. Idda im Provinzhaus in Dietershausen, Diözese Fulda, hielt. Dort erlebte ich ihn als einen sympathischen, glaubwürdigen Priester, der uns und unsere Fragen ernst nahm. Manche Befindlichkeiten der menschlichen Seele konnte er humorvoll, doch wertschätzend aufgreifen und weiterführen. Er hielt in mir die Sehnsucht wach, mich der Frage meiner persönlichen Berufung zu stellen, obwohl ich mich gerade in diesen Jahren als junge Gemeindeassistentin und -referentin in meiner Pfarrei sehr wohl fühlte. So konnte ich 1984 den Sprung wagen und in die Gemeinschaft der Schönstätter Marienschwestern eintreten.“

An der Zentrale der deutschen Bewegung

„Selten bin ich jemanden begegnet, der so natürlich und direkt, aber auch so zuvorkommend und gewinnend sagen konnte, was er wollte. Das bezog sich schon auf so etwas Äußerliches wie die Anrede, weil er halt aufgrund seines Ansehens und seiner vielen Verantwortungen verschiedene Titel hatte. Einmal sagte er, am liebsten würde er mit „Pfarrer“ angeredet, weil das ihm viel bedeute. Gegen Ende seines Lebens empfahl er: ‚Nennen Sie mich einfach bei meinem Namen, Werner Krimm.‘ Ein redlicher Mann – ganz natürlich und ganz übernatürlich – mitten in Schönstatt und in der Kirche, aber auch mitten in der heutigen Zeit.“

So das Zeugnis des ehemaligen Bewegungsleiters der deutschen Schönstatt-Bewegung, Pater Dr. Michael Marmann. Er hatte ihn dafür gewonnen, im Zentralrat der deutschen Bewegung mitzuarbeiten. Denn es hatte sich herumgesprochen, dass überall dort, wo Werner Krimm mitarbeitete, sowohl eine neue Atmosphäre entstand, aber auch sehr realitätsbezogen gearbeitet und diskutiert wurde. Das bestätigte ein späterer Bewegungsleiter, Pater Tilmann Beller:

„Mit ihm war der Bereich der ordentlichen Seelsorge in unserem Zentralrat gegenwärtig. Das war sehr stark, diese Präsenz. Immer wieder brachte er die Frage ein: Wie denken die Priester als Seelsorger? Wir orientierten uns daran, und das war gut: Die Treffen der Diözesanleiter und Diözesanpräsides mit der Zentrale erfreuten sich wachsender Beliebtheit.

Werner Krimm war in Fragen der Seelsorge und der Pastoral einfach kompetent. Das hat dem Zentralrat sehr gut getan. Was er sagte, war eben nicht nur geistreich, originell und kreativ, es war richtig.

Manchmal war er ungehalten – dort, wo er mit der Torheit zusammentraf, mit jener Besserwisserei, die meint, ohne zu wissen. Aber das war selten und ganz leise. Seine Güte war stärker. Und am Ende blieb sein Lächeln.“

Als Pater Beller 1994 Werner Krimm für weitere Jahre zum Leiter der Priesterbewegung (Priesterliga und Theologengemeinschaft) ernannte, dokumentierte er, dass er „in der Steuerung der Arbeit des Zentralrates“ nicht auf seine Mitarbeit verzichten wollte. „Ich brauche es nicht zu sagen: Sie tun uns gut.“ Als Werner Krimm im Jahr 1999 aus diesem Gremium ausschied, wurde ihm in einem Dankesschreiben bestätigt: „Freude, Gelassenheit, Weisheit und Gründernähe waren bleibende Geschenke.“

Ein weiteres Aufgabenfeld in der deutschen und internationalen Bewegung war seine Mitwirkung im Kreis derer, die für die Formation in den sechs Säkularinstituten der Bewegung zuständig waren – Schönstatt-Patres, Schönstatt-Institut Diözesanpriester, Marienschwestern, Frauen von Schönstatt, Marienbrüder, Institut der Schönstattfamilien. Diese an sich, auch kirchenrechtlich völlig selbständigen Gemeinschaften tauschen sich zur Frage der Begleitung von neuen Mitgliedern aus, da sie von der gleichen Spiritualität getragen werden.

Werner Krimm spielte auch hier eine tragende Rolle. Durch seine Aufgabe als Terziatsmeister seiner eigenen Gemeinschaft sowie seine berufliche Arbeit in der diözesanen Seelsorge konnte er ein breites Spektrum an Erfahrung einbringen.

Die Mainzer Schönstatt-Bewegung

Im Jahr 2000 wurde für das Schönstatt-Zentrum Rodgau-Weiskirchen nahe Frankfurt, das ohne Werner Krimm wohl nie zustande gekommen wäre, ein Anbau für Übernachtungen an das bereits bestehende Haus geplant. Ein wichtiger Anlass dazu war die Gründung der „Akademie für Ehe und Familie", die ihre Veranstaltungen an diesem Ort beginnen wollte und die Werner Krimm wesentlich inspiriert hatte.

„Baustein" für Weiskirchen.

Bei den Planungen waren sich die Verantwortlichen einig, dass nicht nur äußerlich der Anbau erstellt, sondern auch geistlich vorbereitet werden sollte. Dazu hatte man „Bausteine" gebastelt, beklebte Streichholzschachteln, die an die geistliche Erarbeitung erinnern sollten. Jeder konnte in seinen Baustein einen Zettel einfügen, auf dem er verzeichnet hatte, was sein Beitrag sein könnte.

Vier Tage vor seinem Tod, am 12. Oktober, brachte jemand bei dem Besuch im Krankenhaus einen solchen Zettel mit, auf dem vorgedruckt stand: „Du bist mir wichtig!“ Es war ein Motto, das die Schönstatt-Familienliga einige Zeit zuvor herausgegeben hatte. Es war eine Aussage, die sich zunächst an die Ehepartnerin bzw. den Ehepartner und die Kinder der Familie richtete, sich aber auch auf Gott bezog. Werner Krimm wollte sich an dieser Aktion beteiligen, war aber zu schwach, um selbst den Zettel beschriften zu können. Darum diktierte er die Worte: *„Alles, alles geben wir dir hinein.“*

Das Schönstatt-Zentrum Rodgau-Weiskirchen

In der Tat verstand sich Werner Krimm als lebendigen Baustein für dieses Zentrum. Dieses *„Alles, alles geben wir dir hinein“* war keine Formel, um den Zurückbleibenden Mut zu machen oder zu zeigen, wie wichtig er das Vorhaben einschätzte. Es war tatsächlich eine Hineingabe im biblischen Sinn: „Wenn das Weizenkorn nicht in die Erde fällt und stirbt, bleibt es allein; wenn es aber stirbt, bringt es reiche Frucht.“ (Joh 12,24)

Der persönliche Einsatz für das Schönstatt-Zentrum im Bistum Mainz hatte nämlich eine lange Geschichte, die bis in die 1950er Jahre zurückreichte. Seit dieser Zeit überlegten die Mitglieder der Mainzer Schönstatt-Bewegung, zunächst noch eine kleine Gruppe unter Leitung von Pfarrer Wilhelm Engel, wohin ein Zentrum im Bistum Mainz gebaut werden könnte. So gab es zum Beispiel Vorstellungen, in Bingen oder in Mainz-Großberg ein Zentrum zu errichten. Die Pläne zerschlugen sich, und in Rodgau-Weiskirchen tat sich die Möglichkeit auf, Bauland zu erwerben. Der dortige Pfarrer, Wilhelm Engel, Mitglied im Schönstatt-Priesterbund, und dessen Nachfolger, Pfarrer Rißberger, vermittelten ein Grundstück, so dass dort ein Schönstatt-Zentrum entstehen konnte.

In großer Freude führte Werner Krimm Kardinal Hermann Volk über das Gelände zur Einweihungsfeier. Links der damalige Bischofskaplan, Peter Walter, später Professor für Dogmatik in Freiburg.

Am 26. Juni 1982 fand die Einweihung statt. Kardinal Volk predigte über den Titel, den die Mainzer Schönstatt-Bewegung der Kapelle gegeben hatte: „Heiligtum der Werktagsheiligkeit". Man hatte diesen Titel in einem langen Prozess im Blick auf die Arbeitswelt im großen Rhein-Main-Gebiet gewählt. Auch bezog man bewusst das Andenken an Bischof Freiherr Wilhelm Emmanuel von Ketteler (1811-1877) ein, der in den Jahren 1848-1849 auf der politischen Bühne als Mitglied der Nationalversammlung in der Frankfurter Paulskirche tätig war. Ab 1850 engagierte er sich als Bischof von Mainz in der Sozialen Frage, etwa bei den berühmt gewordenen Sozialpredigten auf der nur fünf Kilometer von Weiskirchen entfernten Liebfrauenheide.

Einzug zum Einweihungsgottesdienst.

Blick auf den Rohbau des Zentrums von der Kapelle aus.

Das „Heiligtum der Werktagsheiligkeit“ in Rodgau-Weiskirchen bei der Einweihung am 26. Juni 1982.

Sein Engagement für das Zentrum

Die Einweihung war für Werner Krimm der Beginn einer noch intensiveren Arbeit mit den verschiedenen Gliederungen der Bewegung im Bistum Mainz. Eine Schwester, die über viele Jahre das Zentrum leitete, berichtet:

> *„An vielen Wochenenden kam Pfarrer Krimm ins Schönstatt-Zentrum. Samstags hatte er meistens zahlreiche Termine für Beichtgespräche. Am Sonntag um 10 Uhr feierte er im Kapellchen die heilige Messe. Danach kam es fast immer zu einem Austausch. Er fragte, was in der vergangenen Woche am Zentrum los war und was für die nächste ansteht. Es interessierte ihn alles: die kleinste Kindergruppe, der Besuch jedes Pfarrers, die Tagung eines Pfarrgemeinderates, die Art und Besucherzahl jeder Veranstaltung."*

Segnung des „Kreuzes der Einheit" beim Kirchweihfest im Schönstatt-Zentrum Weiskirchen am 25. Juni 2000.

Besonders interessant sind die Hinweise auf die Art seiner Arbeit, die die Selbständigkeit aller Beteiligten stärken wollte:

> *„Für neue Initiativen und Ideen, die Heiligtum und Zentrum betrafen, war er offen. Wenn dann wirklich etwas daraus wurde, kam mir meist erst im Nachhinein, dass es Pfarrer Krimm war, der es in den Stiel gestoßen hatte, aber einem das Gefühl vermittelte, man sei allein darauf gekommen. Ich höre ihn noch sagen, er fände das großartig, dass der oder die das gemacht haben. Wenn man genauer hinsah, fand man, dass eigentlich er dahinter gesteckt hatte. Nach größeren Veranstaltungen im Zentrum und Haus, wenn viel Arbeit geleistet war – vor allem auch im Hintergrund, – bedankte er sich jedes Mal zum Schluss bei den freiwilligen Helfern. Nie vergaß er, z. B. in die Küche zu gehen und der Schwester seinen persönlichen Dank zu sagen."*

Ein Schnappschuss aus diesen Tagen.

Eine Geschichte bebildert die Atmosphäre um Werner Krimm in dieser Zeit: Bei der Sonntagsmesse ministrierte meist ein 10-jähriges Mädchen, das in der Sakristei oft mit einem etwas atemlosen fröhlichen „Hallo“ erschien. Pfarrer Krimm antwortete schmunzelnd ebenso fröhlich „Hallo“. Dann sprudelte die Kleine ungeniert heraus, was sie gerade erlebt hatte, im Fernsehen gesehen oder heute vorhatte. Pfarrer Krimm hat auf dieses Mädchen einen bleibenden Eindruck gemacht: *„Ich werde sehr traurig sein, wenn du stirbst,“* schrieb sie ihm in einem Brief ins Krankenhaus, *„denn es wird sehr schwer sein, einen soo guten, und soo kinderlieben und netten Pfarrer zu bekommen. Aber ich bin sehr sicher, dass es dir bei Gott viel besser geht als hier.“*

Fritz Esser

Ein besonderer geistlicher Impuls ist der Mainzer Schönstatt-Bewegung dadurch geschenkt, dass einer aus der Gründergeneration aus dem Bistum Mainz stammte. Fritz Esser (1900-1924) stammte aus Dorn-Dürkheim in Rheinhessen und war Schüler im Gymnasium der Pallottiner in Vallendar-Schönstatt und Mitglied der Marianischen Kongregation.

Als der jungen Gemeinschaft 1914 das Michaelskapellchen im Tal als Versammlungsort geschenkt wurde, erklärte sich Fritz Esser nach seiner Aufnahme in die Congregatio major bereit, den Dienst als Sakristan zu übernehmen. Er sorgte in den Wintermonaten dafür, dass geheizt wurde, im Frühjahr und Sommer für die Außenanlagen. Als er kurz vor Kriegsende 1918 als Rekrut nach Mainz einberufen wurde, erkrankte er und erholte sich nur zeitweise. Unter Anleitung Pater Kentenichs gewann er zunehmend Vertrauen auf die Hilfe Mariens, die er in dem Satz ausdrückte: „Ein Diener Mariens geht nie zugrunde.“ Mit diesem Satz gestaltete er in lateinischer Sprache einen Lichtrahmen, den er um das Marienbild im Heiligtum in Schönstatt anbrachte. Er starb aufgrund seiner Tuberkulose 1924 im Mainzer Hildegardis-Krankenhaus.

Fritz Esser, im Noviziat der Pallottiner.

Werner Krimm versuchte, die Gestalt Fritz Essers in der Mainzer Schönstatt-Bewegung neu lebendig werden zu lassen. Immer wieder sprach er davon, Fritz Esser sei der typische Mainzer: „Himmelhoch jauchzend, zu Tode betrübt, glücklich allein, die Seele, die liebt." Diese Verse aus Goethes „Egmont" träfen die sanguinische Art der Mainzer, von der Werner Krimm selbst eine gehörige Portion besaß.

Seine Bemühungen um Fritz Esser zündeten. Nach längerer Vorbereitungszeit konnte Fritz Esser, der 1924 in einem Familiengrab in Alzey beigesetzt worden war, 1995 neben das Heiligtum des Schönstatt-Zentrums Weiskirchen umgebettet werden.

Schönstattjugend in den Bistümern Mainz und Speyer

Besonderes Engagement zeigte Werner Krimm für die Schönstatt-Jugendarbeit, besonders für die männliche Jugend im Bistum Mainz. Ab 1964 organisierte er in Zusammenarbeit mit dem Marienbruder Gebhard M. Basler Zeltlager für die Jungen. Besonders intensiv waren die Werkwochen, die ab 1966 in Schönstatt, Koblenz-Metternich, Canisiushof bei Ingolstadt und Dachau, Cambrai-Lisieux (Therese von Lisieux), Horb in der Schweiz (Klaus von der Flüe), Assisi (Franziskus), Saint-Laurent-sur-Sèvre (Grignion de Montfort), Rom und Turin (Don Bosco) stattfanden. Viele Jahre fanden wegen der großen Zahl von Teilnehmern zwei Werkwochen in den Osterferien statt, ab 1968/69 Exerzitien in den Weihnachtsferien.

Werner Krimm war bei dieser großen Zahl von Veranstaltungen, die oft auch für Teilnehmer aus dem Bistum Speyer angeboten wurden, der Impulsgeber. Er ging jeweils auf das spezifische Charisma der verschiedenen Orte ein und sprach über deren Bedeutung für die Jugendlichen. Exerzitien fanden im Schweigen statt. Über zwei Drittel der Teilnehmer nahmen die Möglichkeit für Beichtgespräche wahr, die meist bis tief in die Nacht gingen.

Besonders einprägsam waren Mottos, die er in die Jugendarbeit einbrachte. Einer, der in Zeltlagern, Werkwochen und Exerzitien dabei war, berichtet beispielsweise:

> *„Eines Tages kam er zu einer Werkwoche und schwärmte von der neusten Werbung von Esso: ‚Put a tiger in your tank'. Er beschrieb in hellen Farben, welche Bedeutung eine gute Benzinsorte für das Fahren eines Autos bedeutete. Und dann kam der Gag: ‚Was ist der Sprit, der den Wagen unseres Lebens fahren lässt? Welche Bedeutung hat unser Glaube für unser Leben? Belebt er uns? Bewegt er uns?' Lange Zeit, ja über Jahre hinweg war das ein Schlagwort, das uns beflügelte."*

Aus einer Werbung.

Wie bereits erwähnt, war für die Jugendlichen besonders eindrucksvoll, dass sie sein Auto fahren durften. Wenn man mit ihm gemeinsam unterwegs war, gab es zwei „Gebetseinlagen“, wie einer der Mitfahrer berichtet:

„Wenn wir eine etwas längere Strecke fuhren, war meist ein Rosenkranzgebet dran. Das Besondere daran war, dass wir abwechselnd vor den Gesätzen eine Intention sagen mussten. Ich sagte dann immer zuerst, was mir zum Geheimnis des Gesätzes einfiel und dann, wofür ich beten wollte. Wenn wir mehrere waren, ging es reihum.

Zum Beginn solcher Fahrten hatte er ein interessantes Gebet. Es war ein lateinischer Reisesegen und handelte von den drei Erzengeln, die einen beschützen sollten. Er machte dazu das Kreuzzeichen und gab dann den priesterlichen Segen mit der Hand über unsere Fahrt.“

Das Gebet, von dem hier die Rede war, lautet:

Gabriel cum Maria,	*Gabriel mit Maria,*
Raphael cum Tobia,	*Raphael mit Tobias,*
Michael cum omni	*Michael mit der ganzen*
caelesti hierarchia	*himmlische Heerschar*
sint nobis custodes	*seid uns Schützer*
ac duces in via.	*und Führer auf dem Weg.*

Nicht immer kamen zu allen Veranstaltungen große Mengen von Teilnehmern geströmt. Da konnten auch einmal, etwa zu einer Gruppenleiterschulung, nur eine Handvoll Jugendliche erscheinen. Dann begann unter ihnen die Diskussion, an was das wohl liegen könnte. Werner Krimm, von dem alle wussten, dass er noch andere Termine als Treffen mit einigen Jugendlichen hatte, überraschte dann mit Aussagen wie: *„Einer ist nicht zu wenig!"*, oder: *„Wir arbeiten nur mit denen, die da sind!"* Dabei strahlte er mit seinem bezwingenden Lächeln die Jugendlichen an. Und der Kummer war vergessen. Das war für viele eine Einübung in Situationen im kirchlichen Bereich, in denen die Zahl der Gottesdienstbesucher, die Teilnehmer an Bildungsveranstaltungen, Gebetskreisen und Gruppenstunden weiter sank.

Werner Krimm arbeitete schwerpunktmäßig mit der männlichen Jugend, doch ging es um ganze Lebenskontexte. So konnten ihn auch Mädchen als geistlichen Begleiter ansprechen:

> *„Ich kannte Pfarrer Krimm durch unsere Familie schon als Kind. Damals hat er mich immer wieder mit den Worten begrüßt: ‚Edle M., wie schön, dich zu sehen.' Solche Wertschätzung hat mich wie andere aufgebaut. Er interessierte sich wirklich, wie es geht. Er hat mir zugehört, mich unterstützt, auch durchaus erzogen.*
>
> *Seit meinem 12. Lebensjahr ging ich wie viele der Mädchen zu Gesprächen zu ihm. Es wurde nicht aussortiert, wer es wert war, von ihm begleitet zu werden. Er hat sich um schwache und psychisch angeschlagene Personen genauso*

gekümmert wie um starke. Er hat jeden ernst genommen und konnte Leute stabilisieren. Er hat uns viel zugetraut – auch später als Gruppenleiterin.

Als ich 16 war, fuhren wir Mädchen zusammen mit einigen Jungs im Taunus Schlitten. Im nächsten Gespräch sagte er: ‚Ich habe gehört, dass du das mutigste Mädchen auf der Schneepiste warst, und mir wurde erzählt, was du angestellt hast. Das machst du nicht mehr – ist das klar?‘ Er hat mir damit vermittelt: Ein Vater ist kein Waschlappen, sondern er gibt dem Kind das, was es braucht – und das oft auch mit seinem befreienden Lachen. Auch bei der Beichte hat er immer wieder über meine zerknirschten Geständnisse geschmunzelt. Freiheit und innere Weitung waren ihm wichtig – beim Einzelnen und für die Mädchenjugend.“

Familienarbeit

Die Arbeit mit Familien hatte Werner Krimm schon während seiner Kaplanszeit in Darmstadt ab dem Jahr 1955 begonnen. Mehrere Familien fanden seine Idee, sich monatlich zu intensiven, geistlichen Gesprächen zu treffen, gut und gründeten einen Familienkreis, der über Jahrzehnte zusammenblieb. Das war der Grundstock für die Schönstatt-Familienbewegung im Bistum Mainz.

In den 1960er Jahren wurden in Mainz und Umgebung mehrere solcher Kreise gebildet. Die ältesten Kreise, deren Mitglieder teilweise inzwischen ihr 80. Lebensjahr erreicht haben, nannten sich „Quellen-Generation“. Sie wollten sich als Quelle des Lebens und des Glaubens für ihre Familien, aber auch für die Familienbewegung verstehen. Die nächsten folgenden Gruppen, die ursprünglich aus Kreisen von befreundeten und verlobten Paaren hervorgegangen waren, nannten sich „Wurzelgeneration“, weil sie sich als kraftvolle Wurzeln für das Leben und den Glauben verstehen wollten.

Werner Krimm begleitete, unterstützte und ermutigte sowohl die einzelnen Familien wie auch die Gruppen. Über zwei Jahrzehnte nahm er an allen Veranstaltungen, Wochenenden und Exerzitien der „Wurzelgeneration" teil und inspirierte einen Intensivkreis von Mitgliedern der Schönstatt-Familienliga.

Doch war nicht nur die Inspiration durch Vorträge und geistliche Impulse seine Stärke, sondern auch seine „Kleinarbeit" – wie er es nannte – mit den einzelnen Paaren und Familien. Ein Ehepaar berichtet:

Werner Krimms typisches Notizbuch.

„Wir besuchten ihn gern für Beichtgespräche. Zuerst sprachen wir zu dritt über das, was in unserer Familie anstand. Oft hatten wir darum unseren Gesprächstermin am Abend, damit wir genügend Zeit hatten. Dann hatten wir einzeln unser Beichtgespräch mit ihm. Als wir dann vier kleine Kinder hatten, meinte er, es sei doch einfacher, wenn er zu uns nach Hause käme, was allerdings für ihn eine halbe Stunde Fahrt bedeutete, weil wir außerhalb von Mainz wohnten. Natürlich waren wir sehr dankbar dafür. Und wenn wir dann einen folgenden Termin vereinbaren wollten, zog er sein winziges Terminkalenderchen aus der Tasche und fragte mit einem Lachen: ‚Wann könnt ihr denn?'"

Werner Krimm war kein Weg zu weit, um Familien in ihrer Arbeit zu unterstützen. So hielt er zum Beispiel in den 1980er und 1990er Jahren am 18. jeden Monats die „Bündnismesse“ in der Kapelle des Sanatoriums der Landesversicherungsanstalt in Bad Münster a. St. / Ebernburg. Familien hatten ihn dazu eingeladen. Anschließend bot er Gelegenheit zur Beichte an. Wie wichtig ihm solche Begegnungen auch mit kleinen Gruppen von Familien waren, zeigt sich auch darin, dass er in großer Treue auch weite Strecken auf sich nahm.

Ein großes Familienfest in Weiskirchen an seinem 65. Geburtstag.

In der geistlichen Begleitung der Ehepaare ermutigte Werner Krimm, nach vorn zu schauen. Eine Ehefrau und Mutter berichtete:

> *„Leider fasste ich erst sehr spät den Mut, Pfarrer Krimm als geistlichen Begleiter auszuwählen. Ich hatte nämlich Bedenken bzw. Angst, dass er mein Verhalten in meiner Jugendzeit im Umgang mit meinem damaligen Freund missbilligen würde.*

Als erwachsene Frau hatte ich ihm dann von meinen Ängsten erzählt und ich war völlig überrascht, wie er darauf reagierte. Er erklärte mir mit einem Augenzwinkern, dass er mein Vorgehen damals sehr gut verstehen könne und ich in seinen Augen völlig richtig gehandelt hätte. Pfarrer Krimm kam es nie in den Sinn, jemanden zu verurteilen. Er hörte intensiv zu und versuchte, durch Gegenfragen Situationen zu klären oder zu beleuchten, um den Blickwinkel zu verändern.

Er besaß die unschätzbare Gabe, den Menschen das Gefühl zu geben, dass sie sehr wertvoll und geliebt sind. Als ich mich einmal bei ihm über meine Schwiegermutter beschwerte, bemerkte er nur lächelnd: „Denke immer daran, ohne deine Schwiegermutter gäbe es deinen Mann nicht!“

Ausflug mit Grillen während einer Tagung für junge Familien in Memhölz bei Kempten/Allgäu.

Andere berichten, wie Werner Krimm immer wieder Impulse setzte, die für den weiteren Lebensweg wichtig wurden.

„Für das Zusammenleben mit dem Ehepartner war es ihm sehr wichtig, dass der Einzelne seine Selbständigkeit bewusst pflegt und sein eigenes Aufgabenfeld verteidigt.“

„Als Mutter von heranwachsenden Kindern wurde Pfarrer Krimm mein geistlicher Begleiter. Er sagte immer wieder diesen Satz zu mir: ‚Mit kleinen Kindern muss man über Gott reden, mit großen über die Kinder mit Gott.‘ Das war mir eine große Hilfe, und ist es heute noch.“

„Ich habe nie erlebt, dass er mir gesagt hätte, was ich zu tun habe, sondern er meinte immer nur: ‚Wenn Sie wollen, können Sie das oder das einmal ausprobieren.‘ Diese Art mit mir umzugehen, war mir fremd, da mein Vater sehr bestimmend war. Heute weiß ich, wie wichtig es gewesen ist, dass Pfarrer Krimm immer von Freiheit und Vertrauen zu mir sprach, so kann ich meinen jetzt erwachsenen Kindern diese Freiheit im Vertrauen auf Gott leichter geben.“

„Mit den Ansichten unserer nun langsam erwachsenen Kinder hatte ich einige Sorgen. Nicht immer konnte ich ihre Entscheidungen für gut heißen und akzeptieren. Immer wieder riet mir Pfarrer Krimm, mit ihnen im Gespräch zu bleiben, auch wenn ich anderer Meinung sei. Er sagte, kein Gebet und keine Mühe sind vergebens.“

„Ein Satz blieb mir in Erinnerung – im Blick auf die Erziehung der Kinder und im Umgang mit anderen überhaupt: ‚Alles sehen, vieles übersehen, wenig reden.‘“

Ein Mann berichtet aus der Zeit seiner Mitgliedschaft in einem der Jugendgemeinschaften und die Art und Weise, wie Werner Krimm mit seiner Berufswahl umging:

„Wenn ich an Pfarrer Krimm denke, gibt es einen wichtigen Punkt, der erwähnt werden muss. Persönliche Zuwendung und Zuneigung durch Pfarrer ist manchmal etwas Kompliziertes. Ist sie sehr persönlich, dann kann sie, wie ich selbst anderweitig erleben musste, zu persönlich sein. Ist sie das

nicht, dann weiß man nie, ob man nicht nur als Lamm einer Herde geschätzt wird, aber eben nicht als Person. Als ich nicht mehr ‚Mitglied' war und auch kein Priester noch sonst irgendetwas sein wollte, haben durchaus einige ‚Vaterfiguren' ihr Interesse an mir verloren. Pfarrer Krimm hat sich auch dann immer noch gefreut, wenn er mich gesehen hat, und kam sogar zu meiner Hochzeit geflogen."

Von der Hochschätzung der Ehe berichtet ein anderes Zeugnis. Eine junge Frau hatte sich in einem studentischen Arbeitskreis in einen Theologiestudenten verliebt, der sich auf das Priestertum vorbereitete. In ihrer Not und unter Gewissensbissen hatte sie Werner Krimm um Rat gebeten.

„Pfarrer Krimm hat mich ganz souverän ermuntert, den Kontakt zu diesem jungen Mann nicht abzubrechen, sondern auf die Führung Gottes zu vertrauen. Zugleich bot er mir in diesem Gespräch an, eine Arbeitsstelle zu vermitteln, die mir ein noch leichteres (weil räumlich näheres) Zusammensein mit dem besagten jungen Mann ermöglicht hätte. Mich erstaunte sein Angebot sehr, aber ich hinterfragte seine Intentionen nicht. Ich lehnte das Angebot dankbar ab, denn ich hatte beruflich andere Pläne. Pfarrer Krimm akzeptierte dies, ohne mich beeinflussen zu wollen. Überhaupt erinnere ich mich an eine sehr positive Gesprächsatmosphäre, ich fühlte mich ernst genommen, wertgeschätzt und im Selbst- und Gottvertrauen bestärkt.

Etwa zwei Jahre später hat Pfarrer Krimm uns getraut. Thema seiner Predigt in unserem Brautamt: Antwort auf die Not der Einsamkeit ist die Liebe, sie erfüllt die Sehnsucht nach Einheit. Von ihm wörtlich: ‚Kann man sich eine höhere Berufung vorstellen, als dass man hineingerufen ist in die Ehe, um als Mann und Frau das Zeichen einer Liebe zu setzen, die nie aufhört.' Diese Berufung ist uns weiterhin Aufgabe und Verheißung."

Weitere Gemeinschaften im Bistum Mainz

Werner Krimm ließ sich in seiner Mitarbeit in weiteren Gliedgemeinschaften der Schönstatt-Bewegung durch konkrete Hinweise führen. Soweit es seine Zeit überhaupt noch erlaubte, nahm er Anfragen an und hinterließ auch hier deutliche Spuren.

So bereitete er zum Beispiel zwei Gruppen der Männerliga im Bistum einen Weg. Er ließ sich ansprechen, eigene Männerwallfahrten mitzugestalten, die neben Diözesanwallfahrten nach Schönstatt abgehalten wurden. Da der Papst für das Jahr 1999 ein Gott-Vater-Jahr ausgerufen hatte, gestaltete Werner Krimm auf gesamtdeutschen Tagungen als Jubiläumsvorbereitung das Thema „Gott, der Vater aller Menschen". Das passte zu seinem Lebensthema des praktischen Vorsehungsglaubens.

Weiter ließ er sich auch von der Gemeinschaft der Frauen und Mütter ansprechen. Für sie hielt er Exerzitien und Besinnungstage, besonders in der Advents- und Fastenzeit.

Andere, die in seiner Geistlichen Begleitung ihren Berufungsweg suchten, wies er beispielsweise auf Gruppen der berufstätigen Frauen oder Akademikerinnen hin, die sich als eigene Gemeinschaft zusammengeschlossen hatten.

Auf dem Weg zur geistlichen Reife

Wie er in seinem Weihegebet von 1998 geschrieben hatte, spürte er nach seinem 70. Geburtstag, wie die Kräfte zunehmend weniger wurden. Das war für ihn Anlass, die letzte Strecke seines Lebens beherzt anzugehen, auch wenn er nicht ahnen konnte, wie lange diese noch dauern würde.

Ab dem Frühjahr 2000 spürte er intensiver, dass es ihm körperlich nicht gut ging. Im Juli wurde klar, dass er sich eingehender ärztlicher Untersuchungen unterziehen musste. Eigentlich wollte er im September an einer Israel-Pilgerreise teilnehmen, an deren Vorbereitung er noch mitgewirkt hatte. Stattdessen musste er sich im Hildegardis-Krankenhaus in Mainz aufnehmen lassen. Bereits nach wenigen Untersuchungen war klar, dass ein Krebs bereits seine Leber so sehr von Metastasen durchsetzt hatte, dass mit einem baldigen Lebensende zu rechnen war.

Was am Ende blieb

Eine Möglichkeit, danach zu suchen, was das Lebensgeheimnis eines Menschen ist, mag sein, auf das zu schauen, was ihn gegen Ende seines Lebens bewegte. So fand man nach dem Tod von Werner Krimm sein persönliches Gebetbuch „Himmelwärts“ mit den Bildern und Faltblättern, die er dort eingelegt hatte. Das Gebetbuch lag im Nachttisch neben seinem Sterbebett.

Zunächst war der erste Eindruck, dass er fast so viele Bilder und Zettel zwischen die Seiten des Gebetbüchleins eingelegt hatte, wie dieses Seiten hatte. Er verband die Gebete, die Pater Kentenich im Konzentrationslager Dachau geschrieben hatte, mit dem, was ihn persönlich bewegte.

Da fielen etliche Bilder auf, meist Primizbilder von ihm vertrauten Priestern und Patres aus der Schönstatt-Bewegung. Er hatte diese Männer persönlich bis zur Priesterweihe und darüber hinaus begleitet. Es war ein Spiegelbild seiner Lebensarbeit. Er trug Erinnerungen konkreter Menschen täglich mit sich. Im Durchblättern des Gebetbüchleins fielen sie ihm immer wieder in die Hände und erinnerten an seinen seelsorglichen Auftrag.

Die Fotos zweier Personen fielen besonders auf. Ein Foto zeigte den jungen Priester Heinz Dresbach, der Gefährte Pater Kentenichs im KZ Dachau war und die von Pater Kentenich diktierten Texte des „Himmelwärts" niedergeschrieben hatte. Heinz Dresbach begleitete später Generationen von Theologiestudenten und war wesentlich verantwortlich für die Errichtung des Priesterhauses Berg Moriah in Simmern im Westerwald. Er fand auf dem Gelände von Moriah auch seine letzte Ruhestätte. Werner Krimm fühlte sich mit diesem Priester in besonderer Weise verbunden.

Das zweite Foto zeigt Pater Kentenich unter einem Baum stehend und Früchte abpflückend. Dieses eher unbekannte Bild hatte Werner Krimm offenbar in eigener Weise angesprochen. Nahe liegt die Vermutung, dass für ihn in dem Bild das Thema Fruchtbarkeit in doppelter Weise dargestellt war. Es dürfte ihn einmal an die Fruchtbarkeit des Wirkens Pater Kentenichs erinnert, dann aber auch die Sehnsucht nach Fruchtbarkeit des eigenen Wirkens signalisiert haben. Es entsprach seiner Mentalität, Bilder in dieser Weise zu betrachten und zu würdigen.

Pater Kentenich pflückt Früchte – Bild aus Werner Krimms Gebetbuch.

Eine andere Art von Erinnerungsstücken waren auf Blättern gedruckte Gebete einzelner Priesterkurse, die er begleitet hatte. Diese Kurse hatten nach Tagungen, die Werner Krimm ihnen gehalten oder bei denen er einfach anwesend war, diese Gebete formuliert und in der Folgezeit oft gebetet. Werner Krimm verband sich persönlich mit dem geistlichen Weg der Kurse und betete aus Solidarität die Gebete mit. Diese Gebete waren zum Zeitpunkt von Werner Krimms Heimgang teilweise Jahrzehnte alt.

Unter den Gebeten fanden sich aber auch Gebete und Gedanken, die aus seiner seelsorglichen Arbeit mit Familien oder in der Schönstatt-Bewegung im Bistum Mainz erwachsen waren. So bezog sich beispielsweise ein Erinnerungsblatt auf das „Gruppenideal" einer Mainzer Familiengruppe aus dem Jahr 1987, ein anderes auf die Errichtung des diözesanen Schönstatt-Zentrums in Weiskirchen.

Eine weitere Art von Erinnerungsblättern war persönlicher Art. Es war eine Auswahl von Gebeten, die er im Laufe der Zeit gesammelt hatte, so etwa das Gebet Johannes Paul II. zur Eröffnung des Marianischen Jahres 1987/88, ein Gebet von John Henry Newman „Führe Du, mildes Licht" („Lead kindly light"), ein Abschnitt aus dem „Hirtenspiegel" Pater Kentenichs, den dieser ebenfalls im KZ Dachau diktiert hatte. Letzteres war eine Anleitung, wie er als Seelsorger unter der Führung des Heiligen Geistes seinen Dienst tun wollte.

Überblickt man diese „Beigaben" zu seinem Gebetbüchlein, wird deutlich: Für Werner Krimm fügten sich persönliches Gebet, persönliche Frömmigkeit und priesterliche Aufgaben existentiell ineinander. Es gab in seiner konkreten Arbeit wohl einen notwendigen Abstand zur Entwicklung von Einzelnen, von Gruppen und Kursen. Doch in Gebet und Spiritualität ließ er sich auf das Leben, besonders das geistliche Leben derer ein, die er begleitete.

Abraham auf Moriah

Diese Hingabe für die Berufung anderer hatte Werner Krimm auch in der Gebetsecke seiner Wohnung, in seinem „Hausheiligtum“ dargestellt: Unterhalb des Kreuzes hatte er als Fortsetzung des Kreuzesbalkens ein Bild der Figur Abrahams befestigt. Es handelte sich um die Gestalt des Patriarchen, wie sie am Nordportal der Kathedrale von Chartres zu sehen ist.

Abraham – Nordportal der Kathedrale von Chartres.

Abraham hält in der rechten Hand ein Messer, mit der linken Hand scheint er den ganzen Kopf seines Sohnes Isaak zu umgreifen. Isaak ist so gestaltet, dass er sowohl als Junge wie auch als Mädchen gesehen werden kann, also den Menschen grundsätzlich darstellt.

In der Tradition der Kirche wird das Opfer Abrahams, wie es Genesis 22 schildert, als Vorausbild für das Opfer Christi verstanden, weshalb dieser Text auch als Lesung in der Osternacht vorgesehen ist: Der Vater gibt seinen Sohn hin, damit die Welt gerettet wird. Das Thema für Werner Krimm war also: sein Leben widmen „für die anderen“. Oft hatte er in seinen Predigten und Vorträgen von der „Pro-Existenz“ des Menschen gesprochen.

Für Werner Krimm bedeutete dieses Bild noch mehr. Seine Priestergemeinschaft hat ihr Zentrum auf dem so genannten „Berg Moriah“. Die Bezeichnung des Berges bezieht sich auf jene biblische Szene im Buch Genesis.

Sorge für die Gesundheit

Das Thema seiner Gesundheit kam während seines Lebens nur in Ausnahmefällen zur Sprache. Er hörte sich dagegen stundenlang die Krankheitsgeschichten anderer an und ließ zu, dass sie sich beklagten. Er stützte sie, wenn sie mit ihren Gebrechen nicht gut umgehen konnten.

So begleitete er beispielsweise über eine längere Zeit hinweg drei Personen, die „austherapiert“ waren und in der Einsamkeit ihrer Wohnung aushalten mussten. Ihnen erlaubte er, abends spät anzurufen, um dem Tag einen menschlichen Abschluss zu geben. Er ließ sie eine kurze Zeit sprechen und wünschte dann eine gute Nacht. Sein Kommentar: *„Diesen Menschen nützt kein professioneller Abstand eines Beraters. Sie brauchen nur noch eine menschliche Zuwendung, um zu überleben. Ich habe mich entschieden, sie ihnen zu schenken.“*

Von dieser seelsorglichen Haltung unterschied er den Umgang mit der eigenen Gesundheit oder Krankheit. Er kommentierte im Blick auf sich selbst: *„Ich bin allergisch auf Jammern!“* Das hieß jedoch nicht, dass er nicht auf seine Gesundheit geachtet hätte. Als er um sein 60. Lebensjahr spürte, dass seine Kräfte weniger, er anfälliger gegen Erkältungen wurde und sich Herzprobleme deutlicher zeigten, entschloss er sich, alle zwei Jahre eine etwa dreiwöchige Kneipp-Kur in Bad Lauterberg im Harz zu machen. Noch im Juli 2000 nahm er eine solche Kur wahr zur Stärkung der Abwehrkräfte und seines Herzens. Zur Blutverdünnung musste er bereits über Jahre hinweg Aspirin einnehmen.

Alle Nachweishefte, die den Verlauf der Kuren zeigen, weisen auf ein Problem hin: Er musste auf sein Gewicht achten. Jedes Mal konnte er nach den Zeiten in Bad Lauterberg um etliche Kilo erleichtert nach Hause verabschiedet werden.

Der Grund für den sorgsamen Umgang mit seiner Gesundheit war ein geistlicher: *„Mein Leib ist das Medium meines seelsorglichen Auftrages. Darum will ich auf meine Gesundheit achten."* Das war auch der Grund, warum er in der Geistlichen Begleitung anderer Seelsorgerinnen und Seelsorger auf deren Gesundheit zu sprechen kam. Die Frage „Wie geht es Ihnen?" war keine Floskel für ihn, sondern wirkliches Interesse. Ein „Alles gut!" oder „Man schlägt sich durch!" ließ er nicht gelten.

Interessant ist zudem, dass er seine Kuren dazu nutzte, mit Mitbrüdern Kontakt zu halten. Er sprach sich meist mit einem oder zwei Mitbrüdern seiner Priestergemeinschaft ab, gemeinsam zur Kur zu fahren. Auf den dort verordneten langen Spaziergängen wurden das Leben und die priesterliche Sendung zur Sprache gebracht, aber auch, wie es für Werner Krimm üblich war, herzhaft gelacht.

Trauer und Zuversicht

Sein Umgang mit seinem eigenen Leib und seinem Leben zeigte sich am deutlichsten am Ende seines Lebens. Als er im September 2000 die Krebsdiagnose erhielt und unweigerlich den Tod auf sich zukommen sah, gab er bald seine innere Zustimmung zu diesem letzten Wegabschnitt.

Trauer gab es jedoch auch. Er konnte dem Wunsch, noch einmal in das Land Jesu zu fahren, nicht nachkommen. Auch hatte er noch neue pastorale Projekte geplant. Er war beispielsweise an der Gründung der „Akademie für Ehe und Familie" Pfingsten 2000 in Mainz beteiligt, deren erster Kurs im Januar 2001 beginnen sollte. So war der letzte Monat seines Lebens auch geprägt von einer Traurigkeit: *„Jetzt ging es aber doch sehr schnell!"*

Parallel zu dieser Traurigkeit wuchs aber die innere Gewissheit, dass dieser letzte Weg seines Lebens so gut und richtig war, wie er verlief. Ihm nahestehende Menschen versuchten öfter zu bemängeln, dass im Krankenhaus nicht genug dafür getan wurde, den Tod abzuwenden. Etliche Male wurde er sehr energisch: *„Es ist schon alles gut so, wie es ist.“*

Diese Haltung befreite ihn dann zu jener inneren Freiheit, von der er so oft gesprochen hatte. Diese Freiheit ermöglichte es ihm, so viele Menschen in den letzten sechs Wochen zu empfangen, Abschied zu nehmen und Abschied nehmen zu lassen. Sie schenkte ihm die Gabe, Menschen in dieser Situation zu trösten und über deren Lebensauftrag und Sendung zu sprechen. Diese Haltung war so ungekünstelt und überzeugend, dass jene Worte des Generalvikars nach dem Besuch am Sterbebett als Zusammenfassung gelten können: *„Das ist kein Mensch, der unseren Trost braucht, sondern einer, der andere tröstet.“*

Beim Herrn sein

Die Haltung der inneren Freiheit entstand jedoch aus einer menschlichen Reife, die letztlich in seiner persönlichen Gläubigkeit gründete. Eine Niederschrift während seines letzten Kuraufenthaltes in Bad Lauterberg gibt darüber Aufschluss.

Er hatte zur Kur ein leeres Büchlein mitgenommen, das er zu Weihnachten von einer Familie geschenkt bekommen hatte. Die Aufschrift: „Die wahre Lebenskunst besteht darin, im Alltäglichen das Wunderbare zu sehen.“ Diese Aufschrift veranlasste ihn, auch während des Kuraufenthaltes seine tägliche „Realitäten-Schau“ zu halten.

„In vielen Jahren ringen wir um den Vorsehungsglauben und wir sind noch an kein Ende gekommen. Die Familien haben sich bei der Tagung Anfang Oktober 1999 vorgenommen, sich gegenseitig jeden Abend eine Realität zu erzählen, um so immer tiefer in die Transparentmachung der Welt hineinzuwachsen. Bei den Besinnungstagen mit N. vom 2.-7. Juli 2000 haben wir noch spezialisiert: Anknüpfen bei allen seelsorglichen Aktivitäten an den religiösen Grundkräften der Seele.“

Was er über viele Jahre hinweg in dem Kurs mit seinen Mitbrüdern aus der Priestergemeinschaft praktiziert hatte, praktizierte er jetzt noch ein letztes Mal im Sinne einer Begleitung des Weges der Ehepaare. Er schrieb Ereignisse auf, die sich während der Kur nun im Blick auf seine Gesundheit ergaben. So ist nach der Kur für den 28. Juli 2000 zu lesen:

„Dieses Mal bin ich aber nicht so richtig in Schwung gekommen. Hing es an den PSA-Werten und der fehlgeschlagenen Hormonbehandlung, hing es an der Venenentzündung im rechten Bein, sind es die zunehmenden Altersbeschwerden?“

Ganz nüchtern versucht er, eine Diagnose zu formulieren. Dann aber bringt er diese Diagnose in Verbindung mit dem, was er in diesen Tagen in einer Schrift Pater Kentenichs las. Er schrieb in seinem Büchlein Passagen aus einem Exerzitienkurs ab, den Pater Kentenich 1930 für Bundes- und Marienschwestern gehalten hatte:

„Der Kern meiner Persönlichkeit muss in Christus hineingesenkt werden. Und das ist schwer! Die Einpflanzung von mir und die Einpflanzung in Christus. Wie schwer ist das! Wie tut das weh! Wie wehren wir uns!"

Eine Statue aus seinem Bücherregal: gotisches Motiv der „Johannesminne".

Im Blick auf seinen letzten Weg bekommen die folgenden Sätze, die er abschrieb, eine besondere Brisanz:

„Der liebe Gott muss vielfach unmittelbar selber das Operationsmesser in die Hand nehmen, sonst werden die kranken Stellen nicht abgeschnitten. Sonst geht die Operation nicht tief genug. Aber auch hier sind wir oft furchtbar wehleidig. Wenn Gott anfängt zu schneiden, kennen wir ihn nicht. Wir wehren uns und laufen ihm fort. Das ist menschlich. … Wir wollen nicht mehr weglaufen, wenn Gott uns weh tut! Am schönsten finde ich das in dem Wort ausgedrückt: ‚Der Vater reinigt die Rebe.' [Joh 15,2]"

Die Diskussion, ob Gott ein nicht zu verstehender Gott sei, der dem Menschen Leid und Tod zufüge, die Frage nach der Theodizee, hatte Werner Krimm hinter sich gelassen. Er nahm Krankheit und Not, wie sie alle Menschen erfahren, als das, was sie sind: natürliche Vorgänge. Doch diese durchschaute er auf das Leben mit Gott hin. Nicht im Gram über ein Schicksal, das er erleiden muss, sondern als spirituellen Vorgang, der den Menschen reifen und an sein Ziel kommen lässt.

Dass diese Zitate für Werner Krimm keine frommen Erwägungen in der Konfrontation mit seinen Gebrechen während eines Kuraufenthaltes und danach waren, sondern als Grundgefühl in ihm Platz gewonnen hatten, zeigen etliche Gespräche lange vor dieser Situation. So hatte er sich während persönlicher Besinnungstage etwa zehn Jahre zuvor mit dem zweiten Korintherbrief befasst. Dort heißt es im 5. Kapitel in den Versen 1 bis 10:

> *„Wir wissen: Wenn unser irdisches Zelt abgebrochen wird, dann haben wir eine Wohnung von Gott, ein nicht von Menschenhand errichtetes ewiges Haus im Himmel. Im gegenwärtigen Zustand seufzen wir und sehnen uns danach, mit dem himmlischen Haus überkleidet zu werden.*

So bekleidet, werden wir nicht nackt erscheinen. Solange wir nämlich in diesem Zelt leben, seufzen wir unter schwerem Druck, weil wir nicht entkleidet, sondern überkleidet werden möchten, damit so das Sterbliche vom Leben verschlungen werde. Gott aber, der uns gerade dazu fähig gemacht hat, er hat uns auch als ersten Anteil den Geist gegeben. Wir sind also immer zuversichtlich, auch wenn wir wissen, dass wir fern vom Herrn in der Fremde leben, solange wir in diesem Leib zu Hause sind; denn als Glaubende gehen wir unseren Weg, nicht als Schauende. Weil wir aber zuversichtlich sind, ziehen wir es vor, aus dem Leib auszuwandern und daheim beim Herrn zu sein. Deswegen suchen wir unsere Ehre darin, ihm zu gefallen, ob wir daheim oder in der Fremde sind. Denn wir alle müssen vor dem Richterstuhl Christi offenbar werden, damit jeder seinen Lohn empfängt für das Gute oder Böse, das er im irdischen Leben getan hat.“

Zu einem Zeitpunkt, zu dem für Werner Krimm das Ende seines Lebens nicht in Sicht war, beschäftigte er sich – in Gemeinschaft mit anderen – mit dem Problem: Wie ernst ist es mir eigentlich, beim Herrn sein zu wollen? Es ist ja so einfach, davon zu reden, dass man mit Jesus Christus vereint sein möchte, wenn man täglich mehr oder weniger blühendes irdisches Leben erleben darf. Man mag souverän vom ewigen Haus im Himmel träumen, wenn dieses Haus noch weit entfernt erscheint.

Wichtig bei einer Antwort auf diese Frage war für Werner Krimm, dass uns „als erster Anteil“ der Heilige Geist gegeben ist. Denn nur in ihm kann der Mensch eine wirkliche und ehrliche Sehnsucht nach dem Herrn und nach dem „Himmel“ entwickeln. Zu groß ist sonst die Gefahr der Kompensation irdischer Begrenztheit und negativer Erfahrungen. Seine Formulierung fasste jene echte Sehnsucht und zugleich eine realistische Sicht im Blick auf das konkret sich ereignende Leben zusammen:

„Ja, ich möchte gerne bei Jesus Christus sein. Diese Sehnsucht möchte ich pflegen. Aber wir arbeiten und schaffen für sein Reich solange, wie er es für richtig hält.“

Das Bild vom „Richterstuhl Christi“ spielte zunächst für ihn kaum eine Rolle. Für ihn war die Liebe die alles überstrahlende Perspektive. Dass dieses Bild vor seinem Tod dennoch ins Blickfeld rückte, ahnt man, wenn man den Satz betrachtet, den er im persönlichen Gespräch mehrmals hervorhob: *„Ich habe so vieles falsch gemacht!“* Dieser Satz war die andere Seite zu den vielfältigen Besuchen und Begegnungen, die sich an seinem Kranken- und Sterbebett abspielten. Diese Besuche nämlich sowie die Feier seines Requiems wiesen eigentlich auf das Gegenteil hin, nämlich dass er in seinem Leben sehr vieles richtig gemacht hatte. Im Angesicht des Todes sah er selbst aber sehr deutlich auch jene andere Seite.

Die „Sterbeübung“, die aus dem Abendgebet Pater Kentenichs in Dachau stammt und die er tausende Male gebetet hatte, trat sozusagen in die entscheidende Phase:

Nackt liegt unserer Seele Kern
vor den Augen unseres Herrn,
der als Richter einst erscheint
und zum Weltgericht uns eint.

Was uns noch gefangen hält,
lösen jetzt wir freigewählt,
geben uns mit Kindessinn
gänzlich dir in Christus hin.

Teilen Christi Kreuzestod,
kosten seine Todesnot
wie an unserem Lebensend‘
einst beim Sterbesakrament.

Jeden Sinn berührt die Hand,
bittet: Lös das Sklavenband,
das ihn heute hat umstrickt
und der Seele Kraft geknickt.

Was wir fehlten, reut uns sehr,
tauchen in das Liebesmeer
unser schuldig Herz hinein,
um es ganz dir neu zu weih‘n.

Orthodoxes Kreuz, das über viele Jahre auf seinem Gesprächstisch gelegen hatte.

Der Weg bis zum Heimgang

Der Gedanke der Berufung Werner Krimms als Dienst an den Berufungen der anderen kennzeichnet die letzten Wochen und Tage seines Lebens. Viele Menschen kamen, um sich zu verabschieden. Das hat ihm viel bedeutet. Doch für die Menschen, die an seinem Sterbebett standen, hatten seine letzten Worte und Ermutigungen eine genauso große Bedeutung. Im Austausch untereinander berichteten sie, dass er zu ihnen Sätze gesprochen hatte wie: „Geh deinen Weg in Ruhe weiter!“ – „Du schaffst das!“ – „Habe Vertrauen und lasse dir deinen Weg zeigen!“

Das Zeugnis eines Briefes

Stellvertretend für die vielen Briefe und guten Worte, die Werner Krimm im Hildegardis-Krankenhaus erreichten, sei ein Brief eines Mitbruders angeführt, der die Atmosphäre um ihn wiedergibt.

„Sonntag, 24.09.2000

Lieber Werner,

Du wolltest nach Jerusalem fahren, um dort die Stätten des Leidens Jesu aufzusuchen (Ölberg, Via Dolorosa, Golgatha, Grabeskirche); Du wolltest auf Abrahams Spuren wandeln (Moriah); Du bist Pater Kentenich auf seinem Leidensweg treu gefolgt. Nun musst Du Ölbergstunden erdulden, Dein Kreuz mit dem Herrn tragen und Dein Kind – sprich: die Dir anvertraute Gefolgschaft – dem Vatergott zurückgeben; nun musst Du Dachau- und Milwaukee-Geist aufbringen.

Bei all dem helfe Dir unser Gebet und Gedenken beim hl. Opfer. … Deine Predigten sind unvergessen, Dein pastorales Vorbild für uns gültig. Dein Leben war ein Gespräch mit Gott und den Menschen. Dass Du im Gnadenjahr 2000 nach

Christi Geburt – wir begehen es am 22.10. mit der ganzen Schönstattfamilie – am innertrinitarischen Gespräch Anteil hast, hier und einmal in der Ewigkeit, wünscht und erbittet Dir in Schönstatt und im Heiligtum der Vatertreue mit Dankbarkeit für alles – Dein K. M.“

Dieser Brief ist deshalb exemplarisch, weil er offen alle die Aspekte anspricht, die die letzten Begegnungen und Briefe in ähnlicher Form prägten.

Da ist zunächst das bewusste und aussprechbare Zugehen auf den Tod. Vor Werner Krimm war es nicht notwendig, in verklausulierten Formeln oder gar abwehrenden Formulierungen über das bevorstehende Lebensende zu sprechen. Sein Leiden durfte in Beziehung gesetzt werden zum kreuztragenden Christus. Sein Kreuz spiegelte sich im Kreuz Christi. Beide Kreuze gehörten jetzt so zusammen, dass sie in eins genannt werden konnten. Heilsgeschichte wird zur persönlichen Lebensgeschichte, die Ölbergstunden Jesu werden präsent in den Ölbergstunden des Christen, der in einer Einheit mit seinem Herrn lebt und stirbt.

Dass ein Mitbruder in dieser für Werner Krimm schweren Zeit in einer solch direkten Weise Leiden, Sterben und Tod ansprechen darf, hängt mit einem anderen Aspekt zusammen. Der Briefschreiber fühlt sich der „Dir anvertrauten Gefolgschaft“ zugehörig. Das bedeutet: Die Nachfolge Jesu haben viele im Kontakt mit Werner Krimm erlernt. In seiner Geistlichen Begleitung und so mancher geistlichen Anregung oder Wegweisung über Jahrzehnte hinweg haben sie verstehen gelernt, was Nachfolge bedeutet. Mit „Gefolgschaft“ ist also letztlich die Jüngerschaft derer gemeint, die sich in die Nachfolge Jesu begeben wollten.

Diese Gefolgschaft wird mit einem Kind verglichen, das Werner Krimm nun an Gott zurückgeben muss. Wie Kinder für Eltern sind Menschen, die sich einem Priester in der Geistlichen Begleitung anvertrauen, ein Geschenk. Sie sind eine Gabe und Aufgabe auf Zeit, damit sie frei gegeben werden in ihre eigenen Berufungen und Lebenswege hinein.

Werner Krimm hatte das verstanden. Als sich in den letzten Tagen ein Mann bei ihm bedankte, dass er ihn wie einen Sohn behandelt habe, zog er, weil er bereits kaum mehr sprechen konnte, kritisch die Stirn kraus. Als der Mann ergänzte „als einen erwachsenen Sohn“, ging ein Strahlen über sein Gesicht. Er wollte keine abhängige „Gefolgschaft“, sondern wollte Menschen zu einem freien, selbständigen und entscheidungsfreudigen Leben führen. Diese Menschen an Gott, der sie ihm anvertraut hatte, „zurückzugeben“, war seinerseits einer der letzten Akte der Freiheit, die so sehr sein Lebensthema war. Interessant dabei war, dass diese Menschen, der Briefschreiber in eigener Weise, diese Freiheit spürten und aussprechen konnten.

In stiller Weise wird in dem Brief auch das Abraham-Opfer auf Moriah angesprochen. Das Bild des alttestamentlichen Patriarchen aus Chartres, das Werner Krimm als Verlängerung des Kreuzesbalkens in seinem Arbeitszimmer angebracht hatte, bekommt unter der Perspektive der Hingabe der ihm Anvertrauten und seines Lebenswerkes einen eigenen Sinn.

Ein weiterer Aspekt drückt sich darin aus, dass der Schreiber von einem „Dachau- und Milwaukee-Geist“ spricht, den Werner Krimm nun aufbringen müsse. Darin deutet er auf die Verbundenheit mit Pater Kentenich hin, der vier Jahre in der „Hölle von Dachau“ aushalten und 14 Jahre im kirchlichen Exil in Milwaukee verbringen musste. Hier wird auf den hingewiesen, von dem Werner Krimm sich seinerseits in besonderer Weise gehalten fühlte. Seine befreiende Erfahrung mit dem Gründer der Schönstatt-Bewegung war ein existenzieller Meilenstein in seiner Lebensgeschichte, der in dem Brief erneut aufgerufen wird.

Weiter zeugt der Brief davon, dass Werner Krimm für viele zum Vorbild für die Arbeit in der Seelsorge wurde. Sein Wort und sein pastorales Handeln waren so überzeugend, dass sie „für uns gültig“ waren. Das ist deutlich mehr, als wenn seine Worte und Taten zur Nachahmung empfohlen werden konnten. Sie setzten Maßstäbe, die man an das eigene seelsorgliche Handeln anlegen konnte.

Es folgt ein Satz, den man als zusammenfassende Qualifizierung seines Lebens verstehen kann: „Dein Leben war ein Gespräch mit Gott und den Menschen.“ Unter „Gespräch mit Gott“ meinte der Briefschreiber aber nicht nur tägliche Gebete, etwa seine treue Verrichtung des Stundengebetes. Er meinte auch das Gespräch mit Gott in der Suche der „Realitäten“, in der dauernden Suche danach, wie sich Gott in den alltäglichen Ereignissen zeigt. „Gott suchen in allen Dingen, Menschen und Ereignisse“ – den Satz, den er unzählige Male ausgesprochen hatte – war seine vorzügliche Weise, mit Gott im Gespräch zu sein.

Schließlich spricht der Briefschreiber vor seinem dankbaren Abschiedsgruß davon, dass Werner Krimm „am innertrinitarischen Gespräch Anteil“ haben möge, „hier und einmal in der Ewigkeit“. Was zunächst wie eine eigenartige gedrechselte Ausdrucksweise erscheinen mag, deutet auf ein theologisches Verständnis der Gemeinschaft mit Gott hin, von dem Werner Krimm oft gesprochen hatte. In der neuscholastischen Theologie, deren Ausläufer er noch während seiner Studienzeit mitbekommen hatte, wurde in der Gotteslehre von „innertrinitarischen Relationen“ und „innertrinitarischen Prozessionen“ gesprochen. Gemeint waren die Beziehungen und der Austausch zwischen den drei Personen in Gott. Es wurde darüber gesprochen, wie die Beziehung des Vaters, des Sohnes und des Heiligen Geistes zueinander gedacht werden könnte. Es ist eine Beziehung, die offenbart wird in einem heilvollen Handeln Gottes in der Welt und am Menschen. Das Zweite Vatikanische Konzil formulierte das Gemeinte in der Begrifflichkeit der Gemeinschaft, der communio in Gott.

Sterben und ewiges Leben wird hier also verstanden als ein Eingehen in die Gemeinschaft in Gott, als endgültige Teilhabe am göttlichen Leben, als „Anteil“ an der Herrlichkeit und dem Reichtum in Gott.

Die Frage nach dem Durchhalten

Die letzten Tage seines Lebens waren für Werner Krimm auch ein Kampf, vor allem ein Kampf mit sich selbst. Da war zunächst die Erfahrung der körperlichen Schwäche. Er, der die Freiheit über alles schätzte, musste sich von anderen versorgen lassen wie ein kleines Kind. Es war für ihn eine wirkliche Demutsübung. Nach und nach musste er seine letzte Selbständigkeit abgeben. Das bedeutete für ihn die Preisgabe seiner äußeren Freiheit.

Hinzu kam eine hohe Sensibilität dafür, ob er seinen Glauben an die Führung Gottes bis zum letzten Atemzug in sich lebendig halten könnte. Im letzten vertrauten Kreis fragte er mehrfach niedergeschlagen und unsicher: *„Werde ich das bis zum Ende durchhalten?“* Das bedeutete für ihn, die Sicherheit und Überzeugung des Glaubens in die Hände Gottes abgeben zu müssen, jene Überzeugung, an der er selbst ein Leben lang festgehalten und die er anderen so überzeugend verkündet hatte. Es war für ihn die letzte Preisgabe seiner inneren Freiheit.

Diese doppelte Einwilligung führte zu einem Schweigen vor Gott. Als er selbst das Stundenbuch nicht mehr lange in Händen halten konnte, ließ er sich die Horen vorbeten. Gesammelt und die Hände gefaltet betete er und sprach einzelne Textteile mit. In den letzten drei Tagen vor seinem Tod antwortete er auf das Angebot des Vorbetens traurig: „Ich kann nicht mehr!“ Er litt unter dieser Unfähigkeit und wusste, dass sein letztes Gebet der Kampf aus dem Leben war.

Heimgang

Grab am Tag der Beisetzung.

Laut Sterbeurkunde verstarb Werner Krimm am Vormittag des 16. Oktobers 2000 um 9:50 Uhr im Hildegardis-Krankenhaus in Mainz.

Vom 24. bis 25. Oktober wurde sein Leichnam in der Memorienkapelle des Mainzer Domes aufgebahrt.

Am 25. Oktober wurde er nach dem Requiem im Dom auf dem Mainzer Hauptfriedhof im Grab der Familie Krimm beigesetzt.

Die Schönstatt-Bewegung im Bistum Mainz hat ihm am Schönstatt-Zentrum Weiskirchen einen Gedenkstein gesetzt. Die Mitglieder der Mainzer Schönstatt-Familie, die Werner Krimm kannten, wurden gefragt, was wohl die typischen Merkmale seines Lebens waren. Es war eine große Übereinstimmung zu spüren:

> Werner Krimm lebte ein „Kindsein vor Gott“
> und war ein „Vater für die Menschen“.

Gedenkstein im Schönstatt-Zentrum Weiskirchen.

Literatur

Beiträge von Werner Krimm

- Freiheit und Bindung, in: Willigis-Gymnasium Mainz. Almanach 1965-1968, 26 ff.
- Schülerseelsorge als Auftrag und ihre Verwirklichung am Willigis-Gymnasium, in: Bischöfliches Willigis-Gymnasium und Willigis-Realschule. 125 Jahre einer Mainzer Schule. Mainz 1977, 82 ff.
- Mit dem Propheten auf dem Weg, in: Internationale Festwoche '85, hrsg. vom Bewegungsleiter der Deutschen Schönstatt-Bewegung, Vallendar 1985, 232-243.
- Schulseelsorge an einer Schule in kirchlicher Trägerschaft, in: Ingobert Jungnitz und Paul Keil (Hrsg.): Neues Jahrbuch für das Bistum Mainz 1986, 196-205.
- Wer mehr als nur alles will. Eine Hinführung zu anderen Maßstäben in der Seelsorge, in: Weg-Begleitung. Geistliche Führung zu mündigem Christsein, hrsg. von Karl-Heinz Mengedodt (Josef-Kentenich-Institut), Vallendar-Schönstatt 1987, 173-187.
- Organisches Leben vom Heiligtum aus – so wächst Kirche der Zukunft, in: Oktoberwoche 1989, als Manuskript hrsg. vom Bewegungsleiter der Deutschen Schönstatt-Bewegung, Vallendar 1989, 119-135.
- Freiheitserziehung als Liebeserziehung, in: Oktoberwoche 1994, als Manuskript hrsg. vom Bewegungsleiter der Deutschen Schönstatt-Bewegung, Vallendar 1994, 79-95.
- Licht unseres Vaters für den Menschen, der auf dem Weg ist, in: Oktoberwoche 1994, als Manuskript hrsg. vom Bewegungsleiter der Deutschen Schönstatt-Bewegung, Vallendar 1994, 96-112.

Beiträge über Werner Krimm

- Peter Wolf, Zum Tod von Pfarrer Werner Krimm, in: Regnum. Schönstatt International – Reflexion und Dialog 34(2000), Heft 4, 189-192.

- Theo Binninger, In memoriam – Monsignore Werner Krimm, in: Jahresschrift 2000/2001 Willigis Mainz, hrsg. von der Schulleitung des Bischöflichen Willigis-Gymnasium und der Bischöflichen Willigis-Realschule, Willigisplatz 2, 55116 Mainz, 69-72.

- Hubertus Brantzen, Erinnerungen an Werner Krimm, in Basis 2001 / Heft 4, 18-19.

- Bernhard Hock, Schulseelsorge am Willigis – Entwicklung und heutiger Stand, in: Festschrift St. Marienschule und Willigis-Gymnasium und Willigis-Realschule. 150 Jahre Bischöfliche Schule in Mainz, Hrsg.: Leitung des Willigis-Schulverbundes, Mainz 2002, 67-73.

- So haben wir ihn erlebt. Erfahrungen mit Werner Krimm, hrsg. von Peter Wolf, neu hrsg. von der Schönstatt-Bewegung im Bistum Mainz, als Manuskript gedruckt, Mainz 2018.

- Hubertus Brantzen, „Werner Krimm“, in: Biographisch-Bibliographisches Kirchenlexikon - BBKL, Band XLI, Herzberg 2020.

- *www.bistummainz.de/einrichtungen/schoenstatt/spiritualitaet/persoenlichkeiten/werner_krimm/*

Bildernachweis

- Archiv Werner Krimm: S. 30, S. 31, S. 32, S. 34, S. 35, S. 36, S. 39, S. 40, S. 41, S. 44, S. 47, S. 49, S. 50, S. 53, S. 54, S. 62, S. 64, S. 73, S. 78, S. 85, S. 89, S. 95, S. 97, S. 101, S. 102, S. 111, S. 133, S. 146, S. 150, S. 161, S. 162, S. 166, S. 178, S. 184, S. 193, S. 199.
- Archiv Familie Krimm: S. 26, S. 27, S. 28, S. 29.
- Archiv Schönstätter Marienschwestern: S. 174.
- Archiv Schönstatt-Bewegung im Bistum Mainz: S. 180, S. 181, S. 182.
- Benjamin Hoch: S. 2.
- Hubertus Brantzen: Coverbild, S. 18, S. 23, S. 46, S. 57, S. 82, S. 127, S. 149, S. 158, S. 183, S. 192, S. 201, S. 206, S. 210, S. 216.
- Hanna Grabowska: S. 144.
- Peter Wolf: S. 163.
- Helga van Eck: S. 217.
- Privat: S. 20, S. 142, Rückklappenbild.
- Wikimedia commons: S. 15.
- Websites der Jugendverbände: S. 60.
- Coverkopien: S. 106, S. 120, S. 123, S. 127.
- Reproduktionen auf vielen Websites: S. 188.